韓国語
ために
初心者

韓国語を学ぼう

初心者向け/　韓国語入門書＆ワークブック

- ☑ 着実に確実に、ハングルをマスター
- ☑ 韓国語の読み方・書き方・話し方
- ☑ 正しい発音の手引き
- ☑ ハングルの筆順・書き方のコツ
- ☑ クイズ＆実践練習で学習

POLYSCHOLAR

www.polyscholar.com

コンテンツ

注意:　ボールペン・ゲルペン・鉛筆またはそれらに似た筆記具の使用を想定しているので、マーカーのような筆記具を使用すると、裏抜けや裏移りが発生する可能性があります。お使いのペンが適切かどうか、下記のボックスで予め確認してください。

この本のつかいかた

反復こそが言語学習において最も有効な方法。この本には、セクションの終わり毎に練習ページやちょっとしたクイズが用意されています。

本の終盤にはハングルドリル、実践で使える単語リストも掲載していますから、韓国語上達に役立ててください。またこの本には（落書き）書きこむ用のスペースが設けられています。ぜひ（汚したくない場合はコピーして）練習してみてください。

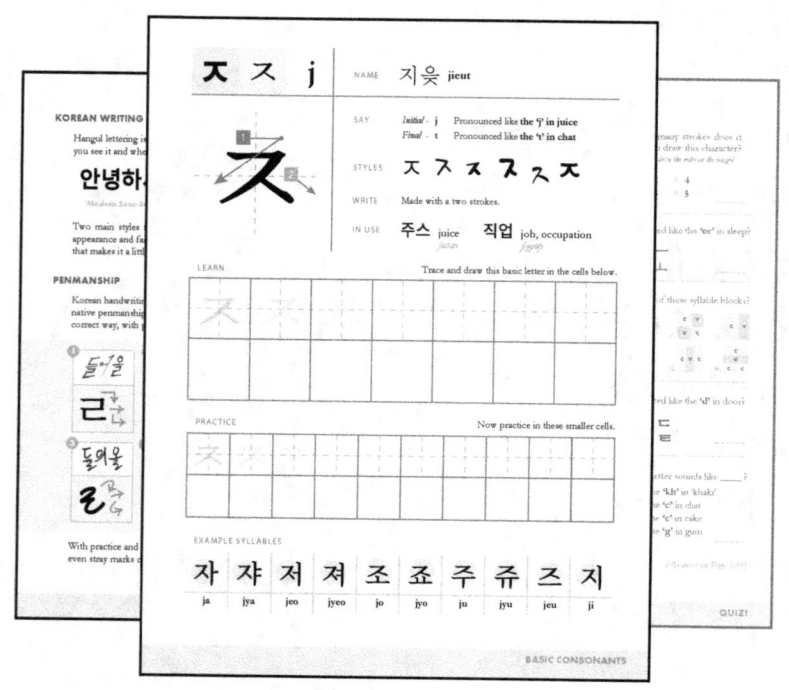

ハングルを知って、覚えて、練習しよう

暗記カード付き！

ちなみに方眼しか載っていないページもあります。もちろん練習用、こっちも使ってみてくださいね。

この本の最後には、切り出せる暗記カードタイプのテンプレートもあります。個人での練習・テストに役立ててください。お子さんは大人の方に切ってもらってくださいね。

読み方、書き方、話し方全部理解して韓国語をマスターするなんて…と落ち込まないで。あなたのためにそのプロセスを少しでも簡単に、そしてスピードアップできるようにと作られたのがこのワークブックです。

まず最初にぶつかる壁といえばいわゆる朝鮮文字、ハングルでしょう。見たこともないようなシンボル同士が組み合わさってできているなあ、くらいの印象は持っているんじゃないでしょうか。文字のつくりもユニークですしね。

でも大丈夫、一見難しそうな韓国語とハングルですが、この本を読み終える頃にはあなたも、読めるし、書けるし、話せるようになっているでしょう！

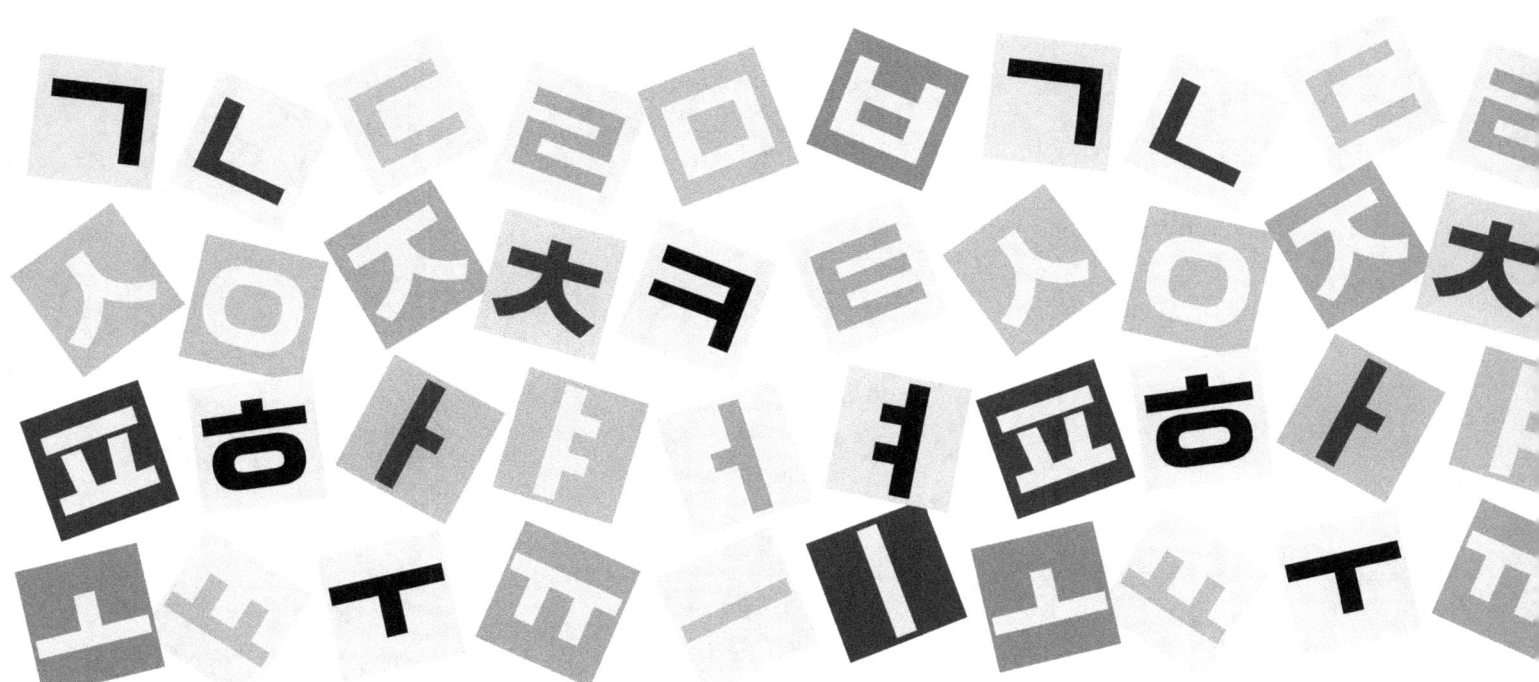

朝鮮地域で使われる文字、いわば朝鮮のアルファベットのことを、ハングルといいます。この名前はハン(⬚)とグル(⬚)の2つの単語で構成され、「偉大なる文字」という意味を持ち、またハンは朝鮮自体を指すこともあり、「朝鮮の文字」と取ることもできます。ハングルは、子音と母音によって構成されその組み合わせによって違う文字を表現する、というものです。

（ちょっとした）歴史

朝鮮地域では15世紀中ほどまで、現地の古代文字と中国文字を混ぜたようなものを、文字として使用していたと言われています。ですが、独自の中国文字が混ざっていたり、そもそも教育を受ける余裕が上級民族にしかほとんどなかったりと、国全体に普及させるのは難しいというのが現実でした。

そこで当時の朝鮮王セジョンは国の識字能力を上げるため、もっとシンプルで覚えやすい、新たな言語システムを創りあげました。

それこそが今も使われる、ハングルなんです！

言語学習にあたって

知らない言語を知りたいときにやりがちなのが、「ありがとう」とか「頑張れ」とか、使えるシチュエーションが決まりきったフレーズを調べて、音だけを真似して覚えようとすること。間に合わせにはなるかもしれませんが、身には付きません。言語を本当に学ぶには、ネイティブが使う文字・言葉を自分で読み書きすることが必要不可欠。

故にハングルをマスターすることがまず初めの第一歩なんです。一文字ずつ順番にしっかり身に付けていけば、韓国語習得なんてあっという間です！

ハングルなんてイージー！

漢字に比べれば、ハングルなんてとってもシンプルなものです。

蔵 儀 遵 帰	한글 (ㅎㅏㄴㄱㅡㄹ)
一文字で一語くらいの意味を優に内包してしまっているために、勉強するのも一苦労なのが漢字。	一方ハングルはアルファベットやひらがなのようなもので、読むのも書くのも話すのも一字ずつ。だからイージーなんです。

また、日常的に使う漢字でも多くて15画くらい書かされますし、絶対使いませんけど84画の漢字だってあるんです。ハングルはそんなことありません、何せ一番画数が多くて5画ですからね。

アルファベット化について

知らない文字や単語は、読み方や発音を分かりやすくするためにアルファベット化されますが、必ずしもアルファベット表記と発音が同じとは限らないので、実際これがいい方法とは言えません。それを避けるためにも、極力早めにハングルをマスターしてしまいましょう。難しいのは最初だけ、一緒に突破しましょう！

ローマ字化にはいくつかの異なるバージョンがあり、それぞれが次の文字とはわずかに異なる文字を使用していることに注意してください。音の正確な表現はハングルのアルファベットだけであり、韓国語を英語で表示する完璧

韓国語の発音

ハングルとその発音は2つで1つ、文字を練習する度に声に出してみることをおすすめします。良い発音を手に入れる方法は練習のみ。時間もかかります。また少し理解でき始めたころに、韓国語の動画や番組をハングル字幕で見るのもいいですよ。

注記：このワークブックではできる限り本来の発音に近くなるよう音を表現しますが、実際の音を聞いてしまうことが最も有効なのは至極当然です。可能であるならば、ネイティブの発音を聞きながらの勉強をおすすめします。

はじめに

ハングルは24個の'字母'を組み合わせて文字を作りあげます。たったの子音14個と母音10個です。それでは参りましょう！

子音

ハングルの子音は、口、舌、喉、唇をそれぞれの形にして、はっきりと音にすることで表現します。

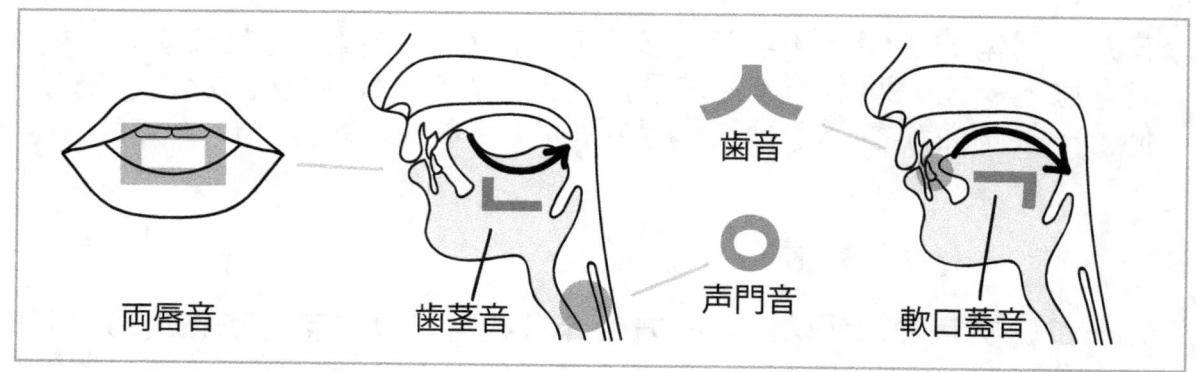

	両唇音	歯茎音	歯音 声門音	軟口蓋音

これら基本の5つの音が分かったら、他の子音はただ少し工夫をプラスするだけです。アルファベットの場合、大体アルファベット順で並べられることが多いですが、ここでは効率を優先して、音の近さで分けて並べてみました。

ハングル	ㄱ	ㅋ	ㄴ	ㄷ	ㅌ	ㅁ	ㄹ
アルファベット	g/k	k	n	d/t	t	m	r/l

ハングル	ㅂ	ㅍ	ㅅ	ㅈ	ㅊ	ㅇ	ㅎ
アルファベット	b/p	p	s	j/ch	ch	-/ng	h

注記：ハングルの発音は使い方で音を変えるので、アルファベットの発音と必ずしも一致するとは限りません。

母音

母音の字母はそれぞれ、地（陰）、天（陽）、そして人間（2つを繋げる存在）を表した形をとって作られました。

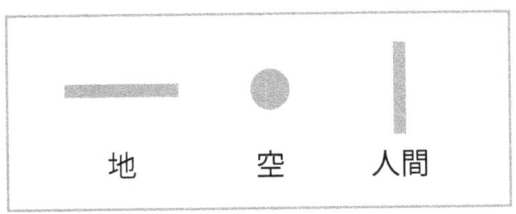

ただ現代では天を表すとされる点は、使われなくなっています。

これらが元になっているので、背が高い'縦長'な形（下記参照）をした母音と、'平べったい'横長'な母音があるんです。

ト	ト	ᅥ	ᅧ	ᅵ
a	*ya*	*eo*	*yeo*	*i*

'縦長'な母音は、子音の右側に置かれます。

ㅗ	ㅛ	ㅜ	ㅠ	ㅡ
o	*yo*	*u*	*yu*	*eu*

一方'横長'な母音は下に置かれます。

母音と子音は一つひとつでは何の意味も持たず、最低でも必ず1対1でくっつきます。組み合わさることで、音として完成するんです。例えば⊠はこれだけでは何も表しませんが、母音の⊠とくっつくことで⊠になることができます。
('*gah*'、カタカナなら'ガァ'のような音)

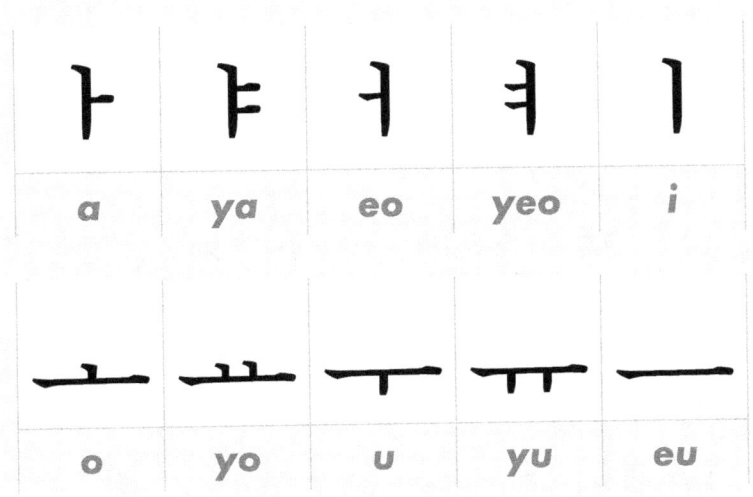

最低でも*1子音+1母音＝1音*

音節

前ページでも見たように、ハングル文字1つが音節1つにあたり、1つの音になります。音節は全て子音や母音の字母らによって構成されます。下の例を参照してみてください。

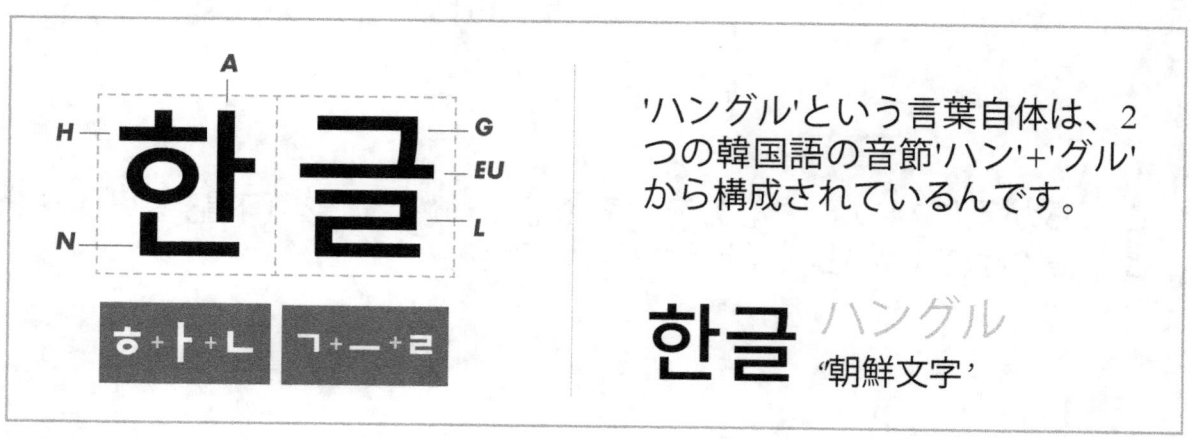

'ハングル'という言葉自体は、2つの韓国語の音節'ハン'+'グル'から構成されているんです。

한글 ハングル
'朝鮮文字'

いくつかの簡単なルール

それぞれの字母を習得して、いくつかある法則、ルールさえ覚えてしまえば、もはやハングルの読み書きはできたも同然です。ちょっと簡単すぎ?

1. S文字は必ず2つ以上の字母から成る。
2. 音節は子音から始まり、そのあとは必ず母音が来る。
3. 文字1つが1つの'正方形'を成す。
4. 字母は'正方形'に収まるために、変形することがある。

組み合わせによって作ることができる音節の数は無数にも及びますが、心配はいりません。序盤の字母を学ぶ段階では、4つ以上の字母を見ることはほぼないからです。まずは字母自体やその組み合わせ、そして音から、日本語に置き換えながら学習していきましょう。

音節を作る

ハングル文字の形は、字母の数と母音の形によって決まります。'縦長'と'横長'の母音があると言ったと思いますが、それに従い、左から右、上から下へと順番に、縦母音なら左側に子音を、横母音なら上側に子音を置きます。

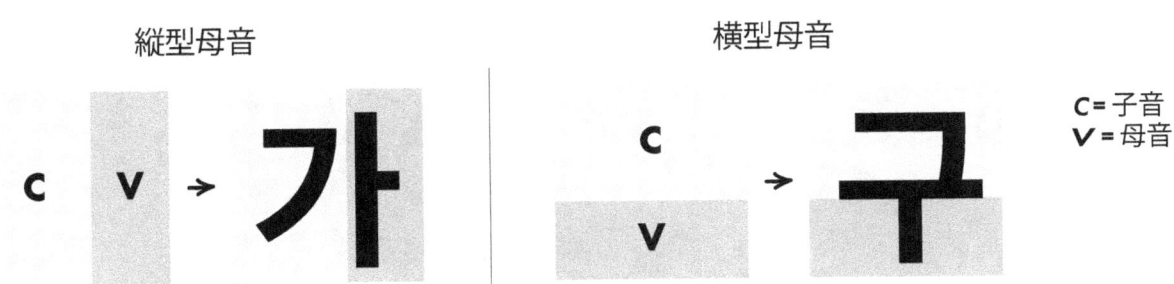

縦型母音　　　　　　　横型母音

C = 子音
V = 母音

もし3つ目、4つ目の字母が入るときは、最初の2つの下に、また左から右の順番で置かれます。下にあるのがその例です。

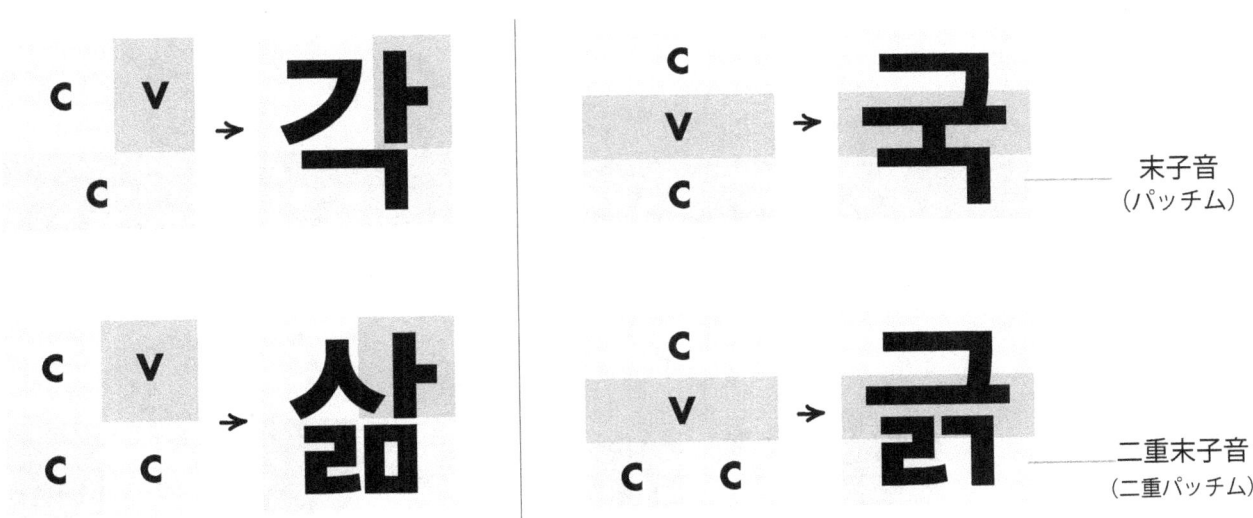

末子音
（パッチム）

二重末子音
（二重パッチム）

1つの音節の最後にくる子音のことをパッチム、末子音と呼びます。ハングルを一通り学習してからの方が理解しやすいので、ひとまずこの段階では簡単な説明だけしておきます。

パッチム（直訳で'支え'という意味）とは韓国語の特徴の1つで、音の最後に来た子音の発音が変化する、というものです。ちなみに母音がパッチムになることは絶対にないから、気にしないで！

母音の大事なルール

子音で始まり2つ以上の字母で音節は作られる、と学んだと思いますが、じゃあ音節が母音の音から始まる場合はどうすれば良いのでしょうか？大丈夫、ちゃんとこれを解決するために重要、だけどとっても簡単なあるルールが存在しています。字母が1つで意味を成さない以上、母音にとっては必要不

音節が母音で始まる場合、'仮'の子音として○を使います。母音の前に、発音しない子音として置くんです。母音だけで書かれるということはありません！

韓国語の'ワニ'をハングルで書くと、分かりやすいと思います。

手紙 a　　手紙 eo　　音節 a & eo　　악어　ag-eo 'クロコダイル'

字母の形

字母は文字のどこに配置されるかによって、形が変わることがあります。その最たる例が○（キヨクという名前）。よく伸ばされたり潰されたりと、使用頻度の高い字母です。

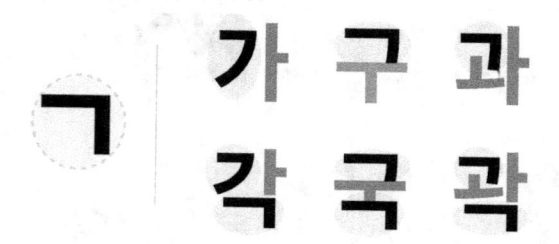

円が変形しているでしょう？

こう書かなければならないというようなルールはなく、書き手によって形も様々ですが、大切なのは画数と書き順、そして'大体の'形です。

この○形だけは書き手やフォントに左右されない、必ず起こります。例: ㄱ제 기 そして 기.
(他にもこの変形が起こる字母が: ㅈ, ㅊ, ㅉ, ㄹ そして ㅎ)

読みと書き

昔は韓国語も日本語や中国語と同じく、縦書きされることも多かったのですが、現代では横書きが圧倒的に主流です。

音節の項で、ハングルは左上から右下にかけて、一文字ずつ書くと学びました。

となれば読むときも、左上から右下へかけて順番に、字母を1つずつ頭の中で発音しながら読んでいきましょう。練習を積めばスピードも上がります。音節の終わりと次の音節の頭の音を同時に発音するようになったらもはや、読みと発音をマスターしたも同然です！

書き順

ハングルの字母も文字も、必ず左上から右下に向かって順番に書かれます。

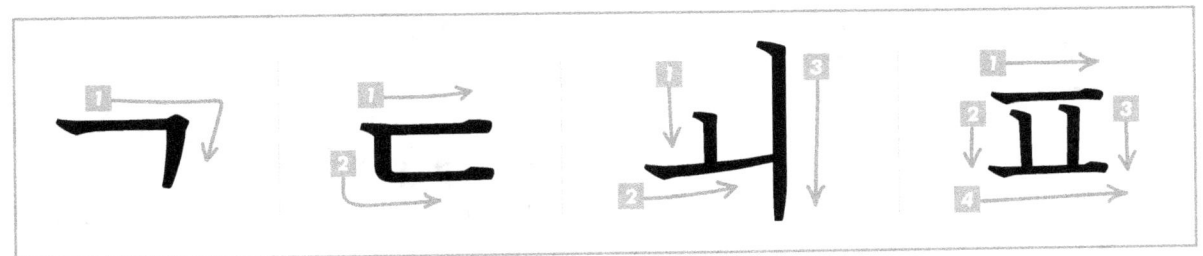

読みやすいハングルを書くためには、正しい書き順を守ることが大事です。逆に守らないと、全く違う文字として読み取られてしまうこともあります。最初に間違えて覚えてしまうと、後から直すのは難しいですよ！

元々は墨と筆で書かれていたので、書いたときに文字のバランスがとれるような、そして読み手に読みやすいような書き順が考えられています。また、文字を潰したり、手を墨で汚したりしないようにもなっているんです！

フォントとその見た目

手書きか印刷か画面の中かだけでも、ハングル文字は違う見かけをしていること多々あります。

안녕하세요 | 안녕하세요
'現代サンセリフ書体' | '旧式セリフ書体'

この本では、現代風の角ばった'サンセリフ書体'と、手書きに近く書き順が分かりやすい'セリフ書体'を主に使用していきます。

手書き

ハングルははっきりと書かなければならない…ということは一切ありません。むしろネイティブに至っては、はっきり文字を書くこと自体まずありません。それでも、正しく書かれている限り、読み手はちゃんと理解してくれます。

左の4つの手書き例を見てください。どれも全く違った⬚の書き方をしていても、これが⬚だということは認識できるはずです。

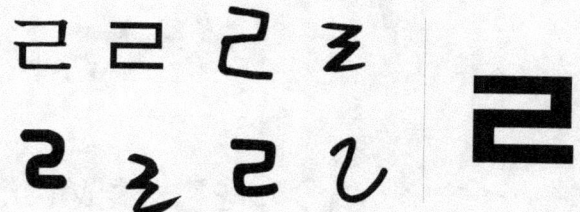

この本の練習ページには、そんな'同じ字母だけどちょっと違う書き方'も例として載せています。

練習を積めば積むほど、たかが線の一本さえ正しく読み取るのに必要な情報だと気づき始めることでしょう。本当のネイティブは丸や四角をきっちり書いてくれたりはしませんからね！

発音について

韓国語で初心者が最も混乱してしまうのが、強調されたりすると変化する発音があるところです。字母の中には複数の発音を持っているものがあると、8ページ目で気付いた人もいるかもしれません。詳しい発音は後で出てくるので、ひとまずここでは簡単に基本の説明だけしておきます。

韓国語には同じ字母でも、通常音、有声音、有気音、強勢音それぞれが存在することがあります。

> 有気音は発音の際に空気を力強く押し出しますが、無気音はその空気量が少なくなります。

> 強勢音は有気音をもっと力強く発声したような音のこと。

> 有声音は発声の際に喉を揺らして音を出し、無声音は喉を揺らさずに発生します。喉に指をあてて、息だけを「スー」と出す場合と、音を「ズー」と出す場合を比べてみると違いが分かると思います。

下の表は、下に行くほど強く発音し、難易度も上がっていくように並べられています。

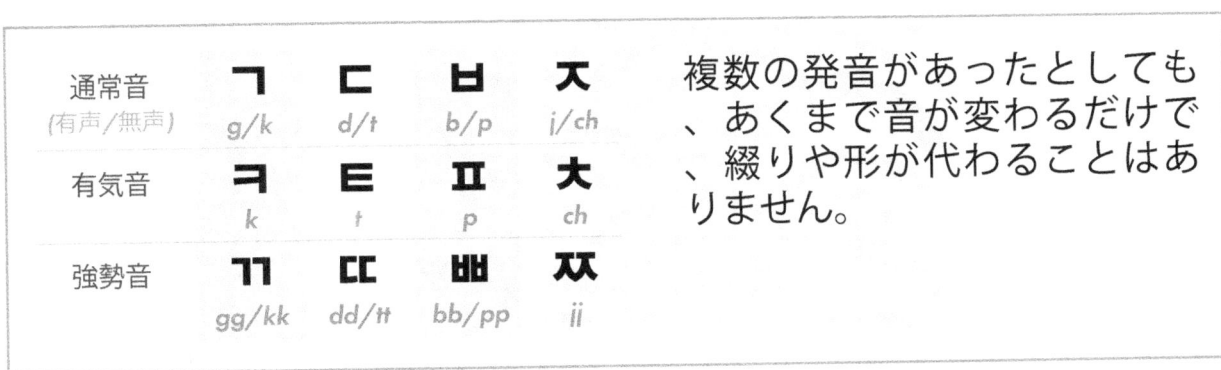

通常音 *(有声/無声)*	ㄱ g/k	ㄷ d/t	ㅂ b/p	ㅈ j/ch
有気音	ㅋ k	ㅌ t	ㅍ p	ㅊ ch
強勢音	ㄲ gg/kk	ㄸ dd/tt	ㅃ bb/pp	ㅉ jj

複数の発音があったとしても、あくまで音が変わるだけで、綴りや形が代わることはありません。

アルファベットで表記してしまうと、本来の発音を正しく伝えにくいことは百も承知なんですが、韓国語には似た発音の子音が多いので、これを詳しく表現しようとすると余計に難しくしてしまう恐れがあるんです。そこは、韓国語に触れていくうちに段々区別がつくようになると考えているので、テレビや音楽を利用して、韓国語音声にたくさん触れ合ってくださいね！

パート2

基本字母を学ぼう

ㄱ ㄱ g

名前	기역 **giyeok**

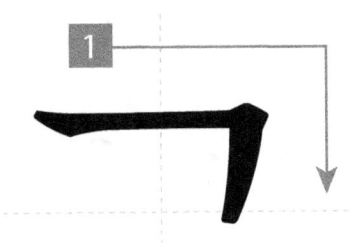

発音
発音 - **g** のように発音される 'グミ'の'グ'
パッチム - **k** のように発音される 音を出さない'ク'

違うスタイル ㄱ ㄱ ㄱ ㄱ ㄱ

書き方 1画で書く。

使用例 **개** 犬   **가족** 家族
      gae   *gajok*

学習

方眼の中に何度も書いて覚えましょう。

練習

小さめの方眼にも書いてみましょう。

音節の例

가	야	거	겨	고	교	구	규	그	기
ga	**gya**	**geo**	**gyeo**	**go**	**gyo**	**gu**	**gyu**	**geu**	**gi**

ㅋ ㅋ k

名前	키읔 kieuk

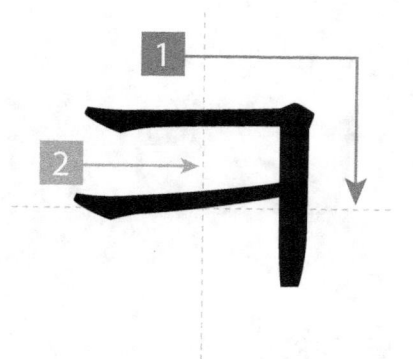

発音	発音 - k のように発音される 'クイズ'の'ク' パッチム - k のように発音される 'クイズ'の'ク'
違うスタイル	ㅋ ㅋ ㅋ ㅋ ㅋ ㅋ
書き方	2画で書く。
使用例	**코** 鼻 *ko*　**부엌** キッチン *bueok*　**컵** コップ *keob*

学習

方眼の中に何度も書いて覚えましょう。

練習

小さめの方眼にも書いてみましょう。

音節の例

카	캬	커	켜	코	쿄	쿠	큐	크	키
ka	kya	keo	kyeo	ko	kyo	ku	kyu	keu	ki

ㄴ ㄴ n	名前	니은 nieun

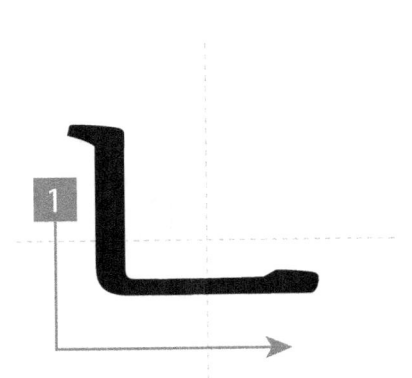

	発音	発音 - **n** のように発音される 'ヌー'の'ヌ'
		パッチム - **n** のように発音される 'ファン'の'ン'
	違うスタイル	ㄴ ㄴ ㄴ ㄴ ㄴ ㄴ
	書き方	1画で書く。
	使用例	**안녕** こんにちは（カジュアル） **돈** お金
		annyeong *don*

学習

方眼の中に何度も書いて覚えましょう。

ㄴ					

練習

小さめの方眼にも書いてみましょう。

ㄴ									

音節の例

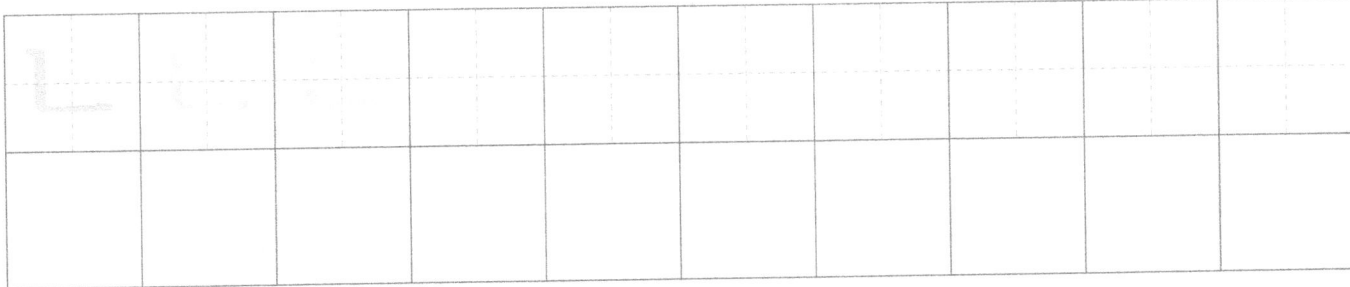

나	냐	너	녀	노	뇨	누	뉴	느	니
na	**nya**	**neo**	**nyeo**	**no**	**nyo**	**nu**	**nyu**	**neu**	**ni**

ㄷ ㄷ d

| 名前 | ㄷ귿 digeut |

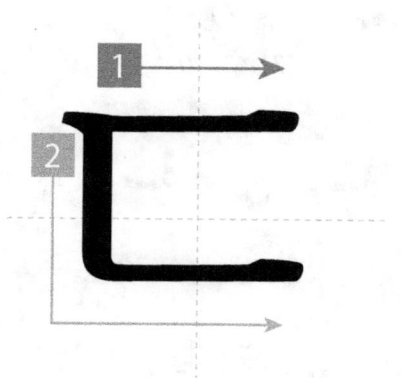

| 発音 | 発音 - **d** のように発音される 'ドゥーユー…'の'ドゥ' |
| | パッチム - **t** のように発音される 音を出さない'トゥ' |

| 違うスタイル | ㄷ ㄷ ㄷ ㄷ ㄷ ㄷ |

| 書き方 | 2画で書く。 |

| 使用例 | **구두** 靴 **바다** 海 |
| | *kudu* *bada* |

学習

方眼の中に何度も書いて覚えましょう。

ㄷ	ㄷ	ㄷ				

練習

小さめの方眼にも書いてみましょう。

ㄷ	ㄷ	ㄷ							

音節の例

다	댜	더	뎌	도	됴	두	듀	드	디
da	**dya**	**deo**	**dyeo**	**do**	**dyo**	**du**	**dyu**	**deu**	**di**

ㅌ ㅌ t

名前	티읕 tieut

発音	発音 - **t**	Pronounced like **the 't' in tin**
	パッチム - **t**	Pronounced like **the 't' in not**

違うスタイル	ㅌ ㅌ ㅌ ㅌ ㅌ ㅌ

書き方	3画で書く。

使用例	토요일 土曜日 *toyoil*	튀김 揚げ物 *twigim*

学習

方眼の中に何度も書いて覚えましょう。

練習

さめの方眼にも書いてみましょう。

音節の例

타	탸	터	텨	토	툐	투	튜	트	티
ta	**tya**	**teo**	**tyeo**	**to**	**tyo**	**tu**	**tyu**	**teu**	**ti**

ㄹ ㄹ r/l

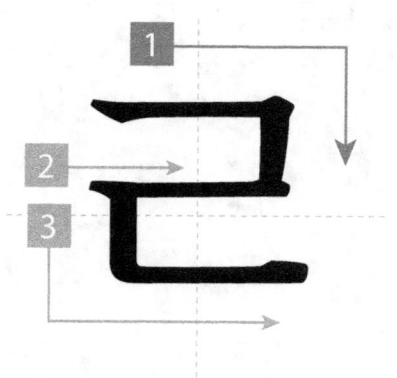

名前	리을 rieul

発音 　発音 - **r**　のように発音される　英語発音Rの'ル'
　　　　パッチム - **l**　のように発音される　英語発音Lの'ル'

違うスタイル　ㄹ ㄹ ㄹ ㄹ ㄹ ㄹ

書き方　3画で書く。

使用例　**라면** ラーメン　　　　**주말** 週末
　　　　　　　ramyeon　　　　　　　 *jumal*

学習
方眼の中に何度も書いて覚えましょう。

ㄹ	ㄹ	ㄹ			

練習
小さめの方眼にも書いてみましょう。

ㄹ	ㄹ	ㄹ							

音節の例

라	랴	러	려	로	료	루	류	르	리
ra	**rya**	**reo**	**ryeo**	**ro**	**ryo**	**ru**	**ryu**	**reu**	**ri**

口 口 **m**

名前　미음 mieum

発音　発音 - **m** のように発音される'ムード'の'ム'
　　　パッチム **m** のように発音される 'ハム'の'ム'

違うスタイル　口 口 ㅁ 口 ㅁ

き方　3画で書く。

1　2　3

使用例　**뭐?** 何？　　**아침** 朝、朝食
　　　　mwo　　　　　　*achim*

学習

方眼の中に何度も書いて覚えましょう。

練習

小さめの方眼にも書いてみましょう。

音節の例

마	먀	머	며	모	묘	무	뮤	므	미
ma	**mya**	**meo**	**myeo**	**mo**	**myo**	**mu**	**myu**	**meu**	**mi**

ㅂ ㅂ b

名前	비읍 bieup

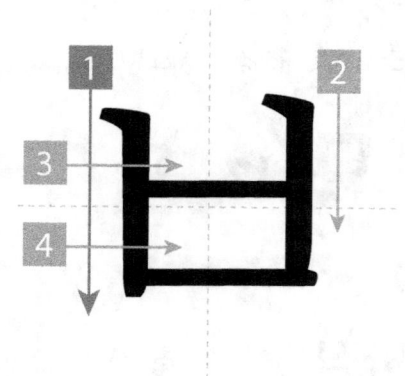

発音	発音 - **b** のように発音される ブーツ'のブ' パッチム - **p** のように発音される 音を出さない 'プ'
違うスタイル	ㅂ ㅂ ㅂ ㅂ ㅂ
書き方	4画で書く。
使用例	비 rain *bi*　　버스 bus *beoseu*　　밥 rice *bap*

学習

方眼の中に何度も書いて覚えましょう。

練習

小さめの方眼にも書いてみましょう。

音節の例

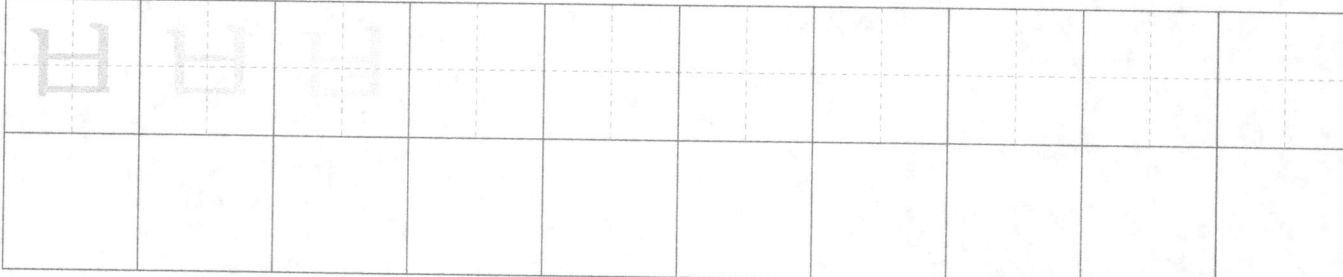

바	뱌	버	벼	보	뵤	부	뷰	브	비
ba	bya	beo	byeo	bo	byo	bu	byu	beu	bi

ㅍ ㅍ p

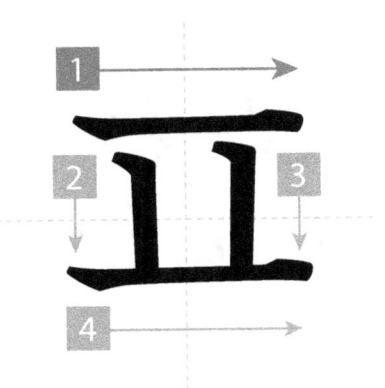

名前	피읖 **pieup**
発音	発音 - **p** のように発音される'プリン'の'プ' パッチム -**p** のように発音される音を出さない'プ'
違うスタイル	ㅍ ㅍ ㅍ ㅍ ㄥ ㅍ
書き方	4画で書く。
使用例	**파티** パーティ **피자** ピザ **커피** コーヒー *pati*　　*pija*　　*keopi*

学習

方眼の中に何度も書いて覚えましょう。

ㅍ					

練習

小さめの方眼にも書いてみましょう。

ㅍ										

音節の例

파	퍄	퍼	펴	포	표	푸	퓨	프	피
pa	**pya**	**peo**	**pyeo**	**po**	**pyo**	**pu**	**pyu**	**peu**	**pi**

 **S**

| 名前 | 시옷 siot |

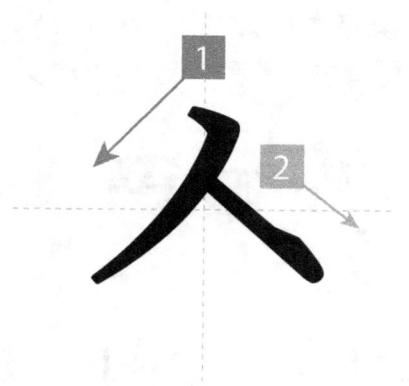

発音　　発音 -- **s**　のように発音される'スープ'の'ス'
パッチム **t** のように発音される
音を出さない'トゥ'
注記：'シュ'と発音することがある。*98ページ参照。*

違うスタイル　ㅅ　ㅅ　ㅅ　ㅅ　ㅅ　ㅅ

書き方　　2画で書く。

使用例　**시** 詩、市　　　　**야자수** ヤシの木
　　　　si　　　　　　　　　　*yajasu*

学習　　　　　　　　　　　方眼の中に何度も書いて覚えましょう。

練習　　　　　　　　　　　小さめの方眼にも書いてみましょう。

音節の例

사	샤	서	셔	소	쇼	수	슈	스	시
sa	sya	seo	syeo	so	syo	su	syu	seu	si

ㅈ ス j

名前	지읒 jieut	

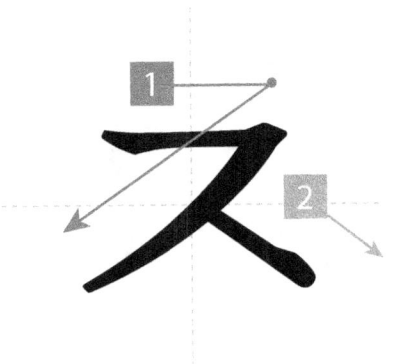

発音　発音 - j　のように発音される 'ジュース'の'ジュ'
　　　パッチム t のように発音される 音を出さない'トゥ'

違うスタイル　ㅈ ス ス ㅈ ス ㅈ

書き方　2画で書く。

使用例　**주스** ジュース　**직업** 職業
　　　juseu　　　*jigeop*

学習　　　　　　　　　　　　方眼の中に何度も書いて覚えましょう。

練習　　　　　　　　　　　　小さめの方眼にも書いてみましょう。

音節の例

자	쟈	저	져	조	죠	주	쥬	즈	지
ja	jya	jeo	jyeo	jo	jyo	ju	jyu	jeu	ji

大 え ch

名前	치읓 **chieut**

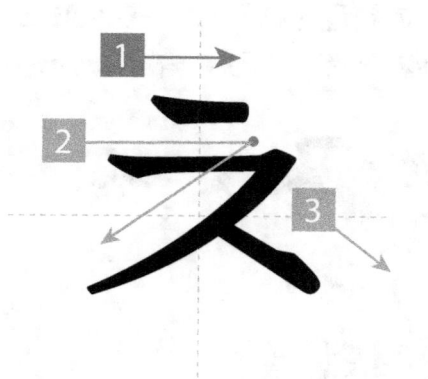

発音　発音 -- **ch** のように発音される 'チュロス'の'チュ'
　　　パッチム**t** のように発音される 音を出さない'トゥ'

違うスタイル　大 え え え 大 大

書き方　3画で書く。

使用例　**차** 車　**부츠** ブーツ
　　　　cha　　　*bucheu*

学習
方眼の中に何度も書いて覚えましょう。

練習
小さめの方眼にも書いてみましょう。

音節の例

차	챠	처	쳐	초	쵸	추	츄	츠	치
cha	chya	cheo	chyeo	cho	chyo	chu	chyu	cheu	chi

◯ ◯	n/a	名前	이응 ieung

発音 発音 -- 無音
パッチム **ng**のように発音される
現在進行形英語'...イング'の'ング'

違うスタイル ◯ ◯ ◯ ◯ ◯ ◯ ◯

書き方 1画で丸く書く。
'こぶ'は書き始めの部分。

使用例 **가방** カバン **식당** レストラン、カフェ
gabang   *sigdang*

学習   方眼の中に何度も書いて覚えましょう。

練習   小さめの方眼にも書いてみましょう。

音節の例

아	야	어	여	오	요	우	유	으	이
a	ya	eo	yeo	o	yo	u	yu	eu	i

ㅎ ㅎ h

| 名前 | 히읕 **hieut** |

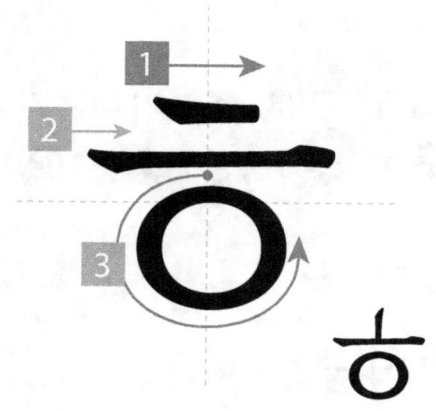

発音 　発音 - **h** 　のように発音される'フルーツ'の'フ'
　　　パッチム - **t** のように発音される 音を出さない'トゥ'

違うスタイル　ㅎ ㅎ ㅎ ㅎ ㅎ ㅎ

書き方　　3画で書く

使用例　**한국** 大韓民国　　**학교** 学校
　　　　　Hanguk　　　　　　*haggyo*

学習　　　　　　　　　　　　　　方眼の中に何度も書いて覚えましょう。

ㅎ	ㅎ	ㅎ				

練習　　　　　　　　　　　　　　小さめの方眼にも書いてみましょう。

ㅎ	ㅎ	ㅎ							

音節の例

하	햐	허	혀	호	효	후	휴	흐	히
ha	**hya**	**heo**	**hyeo**	**ho**	**hyo**	**hu**	**hyu**	**heu**	**hi**

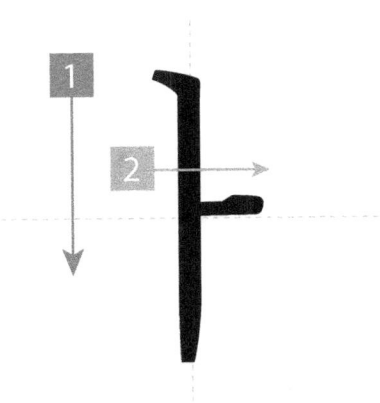

ㅏ ㅏ a

名前	'a' - 発音と同じ
発音	のように発音される 'ア'と'エ'の間の'アェ'
違うスタイル	ㅏ ㅏ ㅏ ㅏ ㅏ
書き方	2画で書く
使用例	나라 国 *nala*　　　나비 蝶 *nabi*

学習　　　　　　　　　　　　　　方眼の中に何度も書いて覚えましょう。

練習　　　　　　　　　　　　　小さめの方眼にも書いてみましょう。

音節の例

가	카	나	다	타	라	마	바	파	사	자	차	아	하
ga	ka	na	da	ta	ra	ma	ba	pa	sa	ja	cha	a	ha

ㅑ ㅑ ya

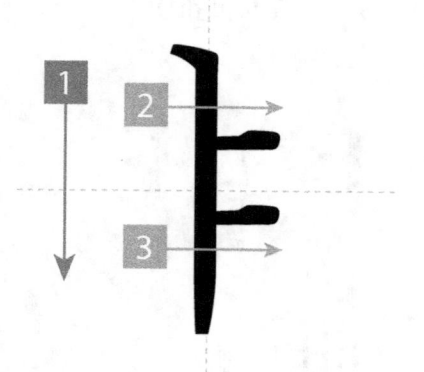

名前	'ya' - 発音と同じ
発音	のように発音される 'ヤ'と'エ'の間の'ヤェ' 'ア'と同じだが軽い'Y'の音が頭に入る。
違うスタイル	ㅑ ㅑ ㅑ ㅑ ㅑ ㅑ
書き方	3画で書く。
使用例	**야구** 野球 *yagu*　　　**고양이** 猫 *goyangi*

学習　　　　　　　　　　　方眼の中に何度も書いて覚えましょう。

ㅑ		ㅑ				

練習　　　　　　　　　　　小さめの方眼にも書いてみましょう。

ㅑ								

音節の例

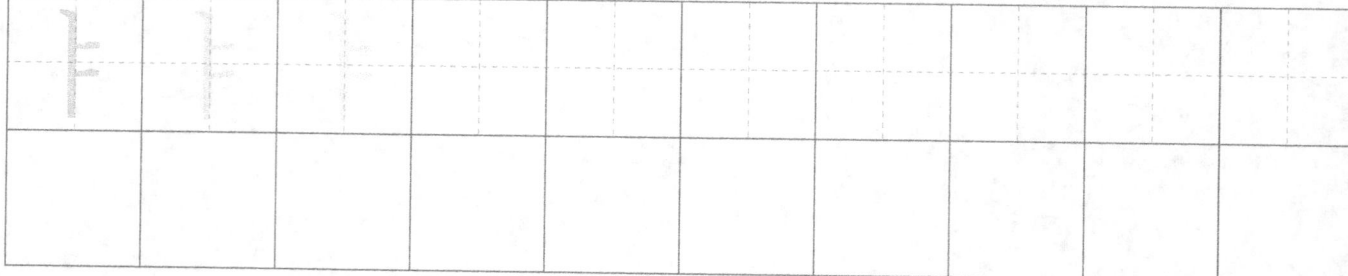

갸	캬	냐	댜	탸	랴	먀	뱌	퍄	샤	쟈	챠	야	햐
gya	kya	nya	dya	tya	rya	mya	bya	pya	sya	jya	chya	ya	hya

 eo

| | 名前 | 'eo' - 発音と同じ |

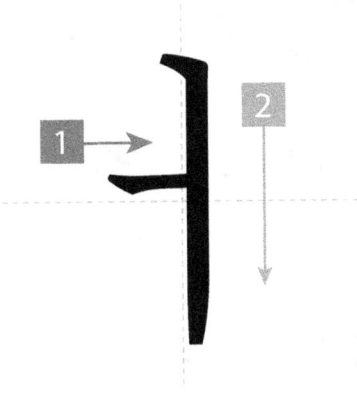

	発音	のように発音される'アイス'の'ア' 唇を動かさず、縦に長く口を開いて。
	違うスタイル	ㅓ ㅓ ㅓ ㅓ ㅓ
	書き方	2画で書く。
	使用例	**단어** 単語 *daneo*　　**영어** 英語 *yeongeo*

学習

方眼の中に何度も書いて覚えましょう。

練習

小さめの方眼にも書いてみましょう。

音節の例

거	커	너	더	터	러	머	버	퍼	서	저	처	어	허
geo	keo	neo	deo	teo	reo	meo	beo	peo	seo	jeo	cheo	eo	heo

ㅕ ㅕ yeo

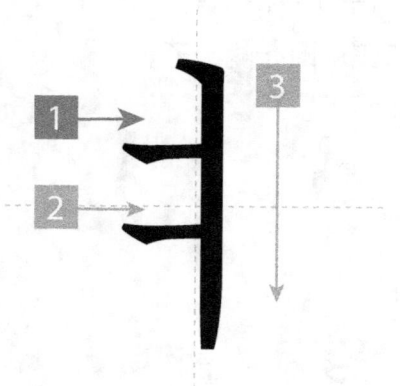

名前	'yeo' - 発音と同じ
発音	のように発音される 'ヤード'の'ヤ' 'ア'と同じだが軽い'Y'の音が頭に入る。
違うスタイル	ㅕ ㅕ ㅕ ㅕ ㅕ ㅕ
書き方	3画で書く。
使用例	**편지** 文字　　**저녁** 夕方、夕食 　　*pyeonji*　　　　*jeonyeog*

学習

方眼の中に何度も書いて覚えましょう。

練習

小さめの方眼にも書いてみましょう。

音節の例

겨	켜	녀	뎌	텨	려	며	벼	펴	셔	져	쳐	여	혀
gyeo	**kyeo**	**nyeo**	**dyeo**	**tyeo**	**ryeo**	**myeo**	**byeo**	**pyeo**	**syeo**	**jyeo**	**chyeo**	**yeo**	**hyeo**

ㅣ ㅣ i

名前	'i' - 発音と同じ	

ㅣ

1 ↓

発音	のように発音される 'イートイン'の'イ' 口を広げて、触れない程度に歯を近づけて。
違うスタイル	ㅣ))	))
書き方	1画で書く。
使用例	**아버지**父　　**어머니**母　　**아니**
	abeoji　　　　　*eomeoni*　　いいえ 　　　　　　　　　　　　　　　　*ani*

学習　　　　　　　　　　　　　　方眼の中に何度も書いて覚えましょう。

練習　　　　　　　　　　　　小さめの方眼にも書いてみましょう。

音節の例

기	키	니	디	티	리	미	비	피	시	지	치	이	히
gi	ki	ni	di	ti	ri	mi	bi	pi	si	ji	chi	i	hi

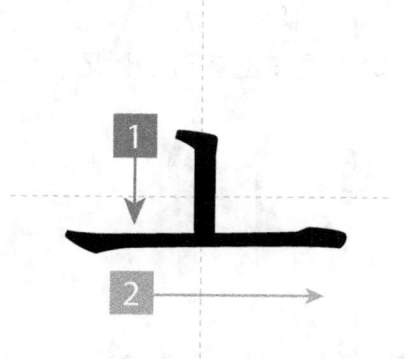

名前		'o' - 発音と同じ

発音		のように発音される
		唇を動かさず、**o**の形に口を開いて

Mouth open in an O-shape, with your lips kept still.

違うスタイル		⊥ ⊥ ⊥ ⊥ ⊥ ⊥
書き方		2画で書く。
使用例		**손**手 **동물**動物 **토마토**トマト
		son *dongmul* *tomato*

学習　　　　　　　　　方眼の中に何度も書いて覚えましょう。

⊥	⊥	⊥				

練習　　　　　　　　　小さめの方眼にも書いてみましょう。

⊥	⊥							

音節の例

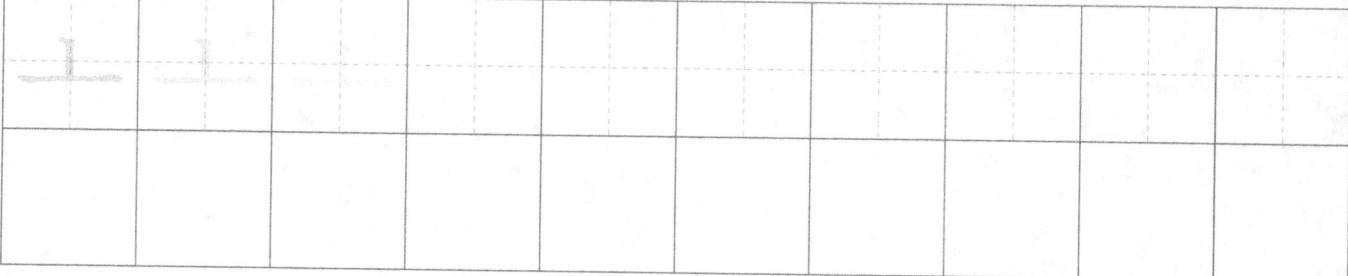

고	코	노	도	토	로	모	보	포	소	조	초	오	호
go	**ko**	**no**	**do**	**to**	**ro**	**mo**	**bo**	**po**	**so**	**jo**	**cho**	**o**	**ho**

ㅛ ㅛ yo

名前	'yo' - 発音と同じ
発音	'ヨガ'の'ヨ' 'オ'と同じだが軽い'Y'の音が頭に入る。
違うスタイル	ㅛ ㅛ ㅛ ㅛ ㅛ ㅛ
書き方	3画で書く
使用例	요요 ヨーヨー *yoyo* 쉬워요 簡単な *swiwoyo*

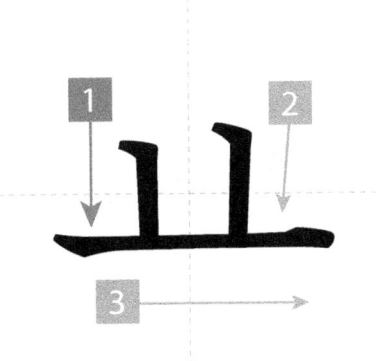

学習

方眼の中に何度も書いて覚えましょう。

練習

小さめの方眼にも書いてみましょう。

音節の例

교	꾜	뇨	됴	툐	료	묘	뵤	표	쇼	죠	쵸	요	효
gyo	kyo	nyo	dyo	tyo	ryo	myo	byo	pyo	syo	jyo	chyo	yo	hyo

ㅜ ㅜ **u**

名前	'u' - 発音と同じ

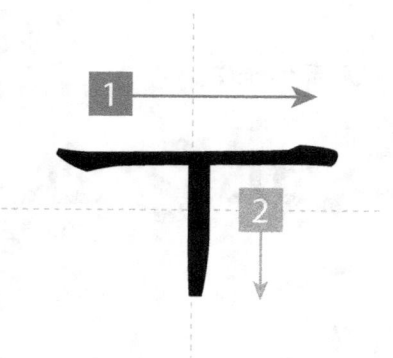

発音	'ウール'の'ウ' 唇は丸く、開いて下唇を前に。
違うスタイル	ㅜ ㅜ ㅜ ㅜ ㅜ ㅜ
書き方	2画で書く
使用例	**두부** 豆腐 **추위** 冷たい **나무** 木 *tubu*　　*chuwi*　　*namu*

学習

方眼の中に何度も書いて覚えましょう。

練習

小さめの方眼にも書いてみましょう。

音節の例

구	쿠	누	두	투	루	무	부	푸	수	주	추	우	후
gu	ku	nu	du	tu	ru	mu	bu	pu	su	ju	chu	u	hu

ㅠ ㅠ yu

名前	'yu' - 発音と同じ
発音	'ユーフォー'の'ユ' 'ウ'と同じだが軽い'Y'の音が頭に入る
違うスタイル	ㅠ ㅠ ㅠ ㅠ ㅠ ㅠ
書き方	3画で書く。
使用例	**자유** 自由 *chayu*
	컴퓨터 コンピューター *keompyuteo*

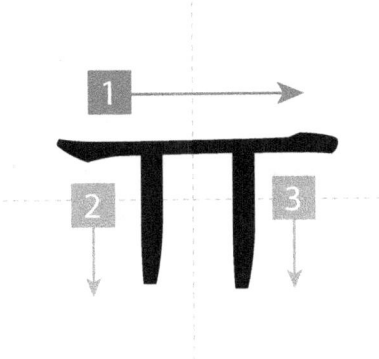

学習

方眼の中に何度も書いて覚えましょう。

練習

小さめの方眼にも書いてみましょう。

音節の例

규	큐	뉴	듀	튜	류	뮤	뷰	퓨	슈	쥬	츄	유	휴
gyu	kyu	nyu	dyu	tyu	ryu	myu	byu	pyu	syu	jyu	chyu	yu	hyu

ㅡ ㅡ eu

名前　**'eu'** - 発音と同じ

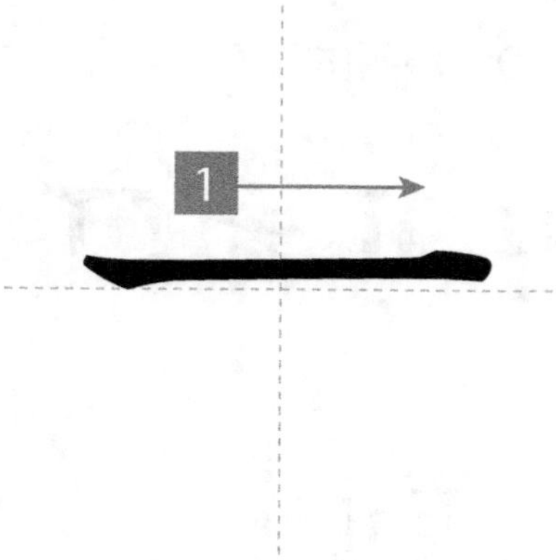

発音　'ア'と'ウ'の間の'アゥ'
口を広げて、口角を引いて、
触れない程度に歯を近づけて

違うスタイル 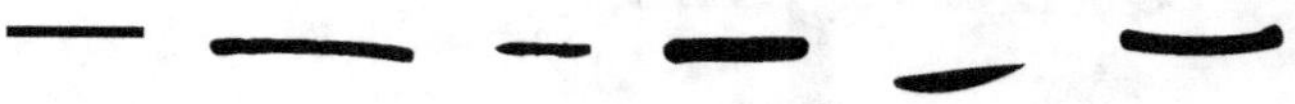

書き方　1画で書く。

使用例　**이름** 名前 *ileum*　**퀴즈** クイズ *kwijeu*　**카드** カード *kadeu*

学習　方眼の中に何度も書いて覚えましょう。

練習　小さめの方眼にも書いてみましょう。

音節の例

그	크	느	드	트	르	므	브	프	스	즈	츠	으	흐
geu	keu	neu	deu	teu	reu	meu	beu	peu	seu	jeu	cheu	eu	heu

パート3

ハングルの基本
反復練習

　　この子音を組み合わせよう　　아 아　　どのような音ですか

ㄱ								
ㅋ								
ㄴ								
ㄷ								
ㅌ								
ㄹ								

ドリル　　この子音を組み合わせよう　　야 야　　どのような音ですか

ㅁ								
ㅂ								
ㅍ								
ㅅ								
ㅈ								
ㅊ								

注記：例はあくまで練習用であり、実践的ではないことがあります。

ドリル　　この子音を組み合わせよう　　**어 어**　　どのような音ですか

ㄱ								
ㅋ								
ㄴ								
ㄷ								
ㅌ								
ㄹ								

ドリル　　この子音を組み合わせよう　　**여 여**　　どのような音ですか

ㅁ								
ㅂ								
ㅍ								
ㅅ								
ㅈ								
ㅊ								

（123ページ参照）

ㄱ								
ㅋ								
ㄴ								
ㄷ								
ㅌ								
ㄹ								

ドリル　　この子音を組み合わせよう　　으 으　　どのような音ですか

ㅁ								
ㅂ								
ㅍ								
ㅅ								
ㅈ								
ㅊ								

注記：例はあくまで練習用であり、実践的ではないことがあります。

ㄱ								
ㅋ								
ㄴ								
ㄷ								
ㅌ								
ㄹ								

ドリル　　　この子音を組み合わせよう　　　요　요　　　どのような音ですか

ㅁ								
ㅂ								
ㅍ								
ㅅ								
ㅈ								
ㅊ								

（123ページ参照）

ㄱ								
ㅋ								
ㄴ								
ㄷ								
ㅌ								
ㄹ								

ドリル　　この子音を組み合わせよう　　유　유　　どのような音ですか

ㅁ								
ㅂ								
ㅍ								
ㅅ								
ㅈ								
ㅊ								

注記：例はあくまで練習用であり、実践的ではないことがあります。

ドリル	この子音を組み合わせよう	오 오	どのような音ですか
ㄱ			
ㅋ			
ㄴ			
ㄷ			
ㅌ			
ㄹ			

ドリル	この子音を組み合わせよう	요 요	どのような音ですか
ㅁ			
ㅂ			
ㅍ			
ㅅ			
ㅈ			
ㅊ			

（123ページ参照）

1 この字母の発音に似ているのは____？

- A. 'ユーフォー'の'ユ'
- B. 'オレンジ'の'オ'
- C. 'イートイン'の'イ'
- D. 'ヤ'と'エ'の間の'ヤェ'

2 プリン'の'プ'のように発音するのは____

- A. ㅠ
- B. ㅍ
- C. ㅛ
- D. ㅂ

3 音節が母音だけのとき、音のしない仮の子音字母としてくっつくのは？

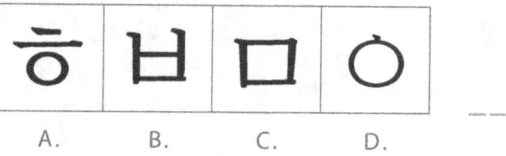

- A.
- B.
- C.
- D.

4 'ジュース'の'ジュ'のように発音するのは____

- A. ㅅ
- B. ㅊ
- C. ㅈ
- D. ㅎ

5 この字母は何画？
正しい書き順が書きこめるかな？

- A. 2
- B. 4
- C. 3
- D. 5

6 この字母は何画？
正しい書き順が書きこめるかな？

ㅂ

- A. 2
- B. 4
- C. 3
- D. 5

7 'イートイン'の'イ'のように発音するのは____

- A. ㅜ
- B. ㅡ
- C. ㅣ
- D. ㅗ

8 ハングルのつくりとして間違っているのは？

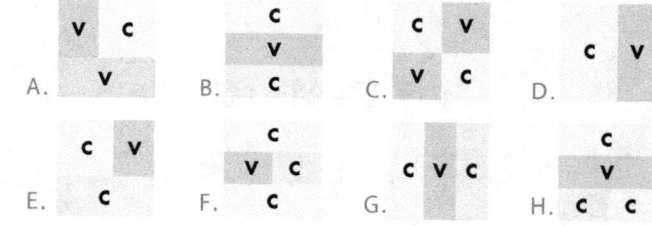

9 'ドゥーユー…'の'ドゥ'のように発音するのは____

- A. ㅋ
- B. ㄷ
- C. ㄴ
- D. ㅌ

10 この字母の発音に似ているのは____

ㄱ

- A. 'クイズ'の'ク'
- B. 'チュロス'の'チュ'
- C. 'ヌー'の'ヌ'
- D. 'グミ'の'グ'

（答えは128ページ参照）

パート4

合成字母

字母の組み合わせ

基本字母の他にも、合成字母と呼ばれる字母があと16種類ほどあります。ですが、聞こえほど難しくないんです。なぜなら合成字母とは、既に覚えた基本字母たちをただ組み合わせだけのものだからです！

二重子音

同じ字母を2つ並べただけの、二重子音と呼ばれる字母が存在します。それぞれ基本字母と同じように機能しますが、パッチムになれるのは⊠と⊠だけという特徴があります（これについては後記）。

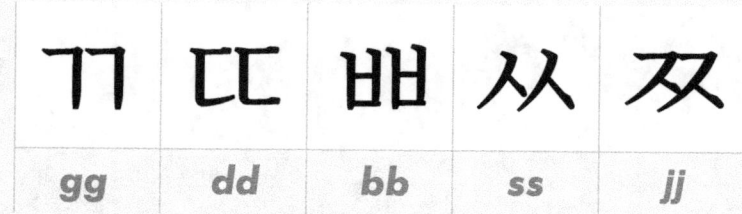

ㄲ	ㄸ	ㅃ	ㅆ	ㅉ
gg	dd	bb	ss	jj

発音は二重になる前と同じ音ですが、とにかく強く発音されます。何せ二重ですからね。

強く発音すると、発生した余分な力が、続く音に自然に現れるものです。この'強調'音がどういったものか理解するために、これを試してみてください。

英語の*'top'*と*'stop'*を交互に繰り返し発音しながら注意して聴いてみましょう。2つの*'t'*の音に少し違いがあることに気づきませんか？

下の例を見ると、二重子音はあくまで1つの字母として扱われ、基本字母と同じように組み合わさっていることが分かると思います。

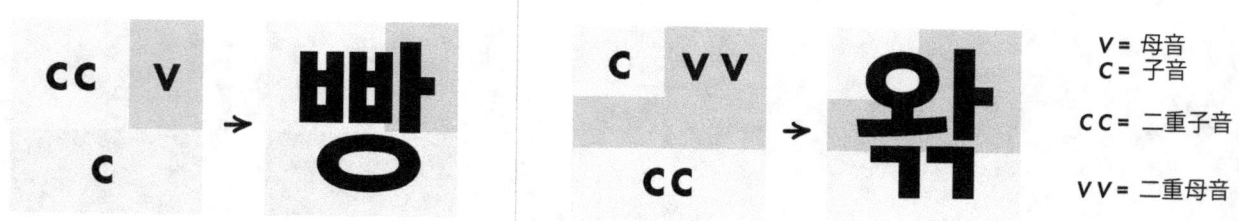

V = 母音
C = 子音

CC = 二重子音

VV = 二重母音

二重母音

二重母音は2つの母音から成り、同じ母音を2つ一緒にスムーズに発音することで新しい音を創りだしたものです。

縦型母音	ㅐ	ㅒ	ㅔ	ㅖ
	ae	*yae*	*e*	*ye*

> 母音が単体で表現される場合⊠が必要になるのはここでも例外ではありません。例えば ㅙ は 왜 になります

横型母音	ㅚ	ㅘ	ㅙ	ㅟ	ㅝ	ㅞ	ㅢ
	oe	*wa*	*wae*	*wi*	*wo*	*we*	*ui*

二重母音を含むハングルの形は、その母音字母自体の形や全体の字母の数によって変化します。

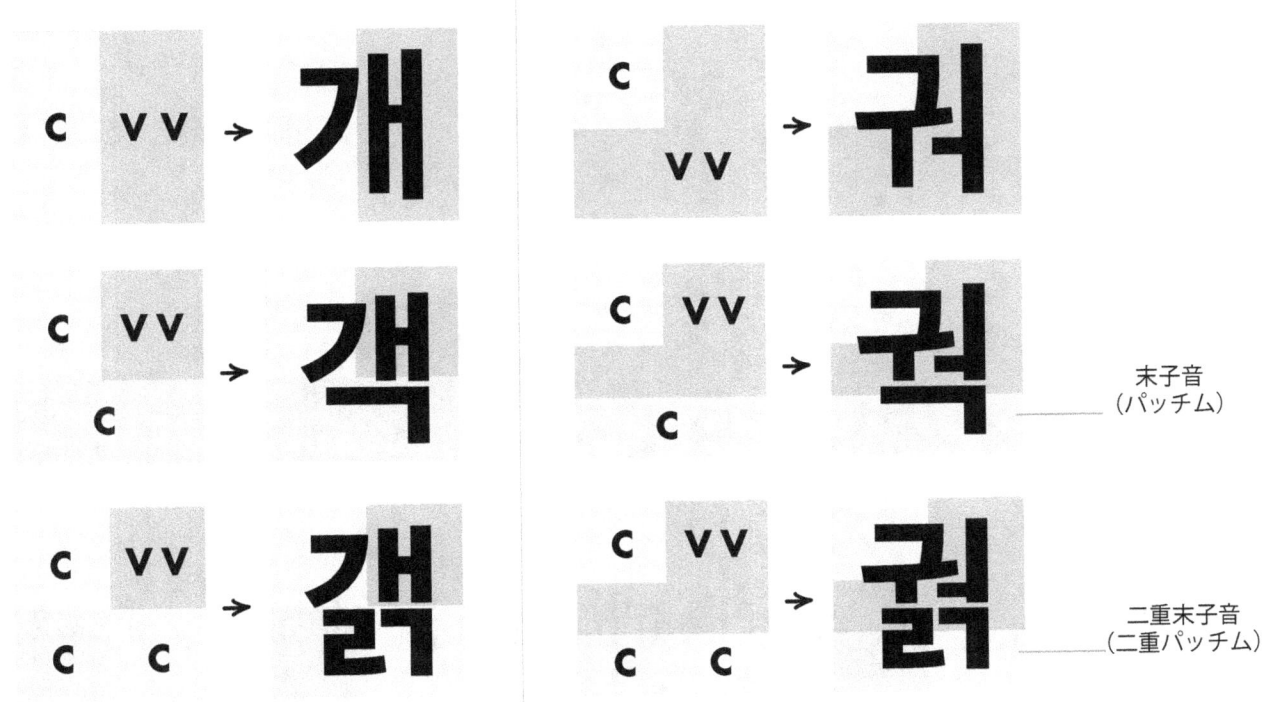

末子音
（パッチム）

二重末子音
（二重パッチム）

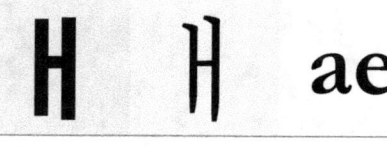 ae

名前	**'ae'** - 発音と同じ

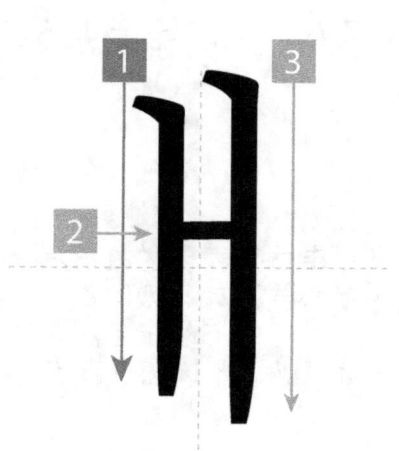

SA発音Y	のように発音される **'エール'**の**'エ'** こちらより少し短い**'エ'**の音を持つ ㅔ と間違いやすい
違うスタイル	ㅐ ㅐ ㅐ ㅐ ㅐ
書き方	2画で書く。
使用例	**내일** 明日 *naeil* 　　　**소개** 紹介 　　　　　　　*sogae*

学習　　　　　　　　　　　　方眼の中に何度も書いて覚えましょう。

ㅐ	ㅐ				

練習　　　　　　　　　　　　小さめの方眼にも書いてみましょう。

ㅐ	ㅐ							

音節の例

개	캐	내	대	태	래	매	배	패	새	재	채	애	해
gae	kae	nae	dae	tae	rae	mae	bae	pae	sae	jae	chae	ae	hae

 **yae**

名前	**'yae' - 発音と同じ**

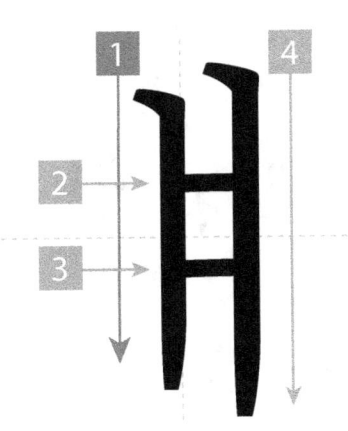

発音	のように発音される'イェルサレム'の'イェ'⊠の'エ'と同じだが軽い'Y'の音が頭に入る。
違うスタイル	ㅒ ㅒ ㅒ ㅒ ㅒ ㅒ
書き方	4画で書く。
使用例	**얘기** 物語 *yaegi*

学習

方眼の中に何度も書いて覚えましょう。

練習

小さめの方眼にも書いてみましょう。

音節の例

개	꺄	냬	댸	턔	럐	먜	뱨	퍠	섀	쟤	챼	얘	햬
gyae	kyae	nyae	dyae	tyae	ryae	myae	byae	pyae	syae	jyae	chyae	yae	hyae

ㅔ ㅔ e

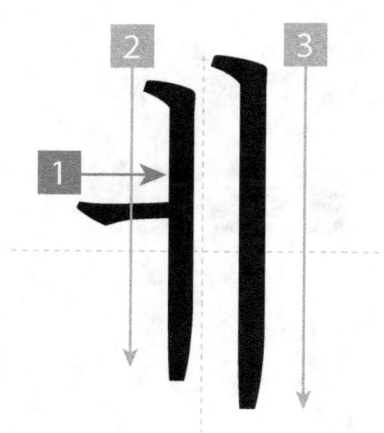

名前	'e' - 発音と同じ
発音	のように発音される 英語発音'M'の'エ' こちらより少し長い'エ'の音を持つㅐと間違いやすい。
違うスタイル	ㅔ ㅔ ㅔ ㅔ ㅔ
書き方	3画で書く。
使用例	**가게** お店 gage　　**어제** 機能 eoje

学習　　　　　　　　　　　方眼の中に何度も書いて覚えましょう。

ㅔ	ㅔ				

練習　　　　　　　　　　　小さめの方眼にも書いてみましょう。

ㅔ	ㅔ							

音節の例

게	케	네	데	테	레	메	베	페	세	제	체	에	헤
ge	ke	ne	de	te	re	me	be	pe	se	je	coe	e	he

ㅖ ㅖ ye

名前	'ye' - 発音と同じ

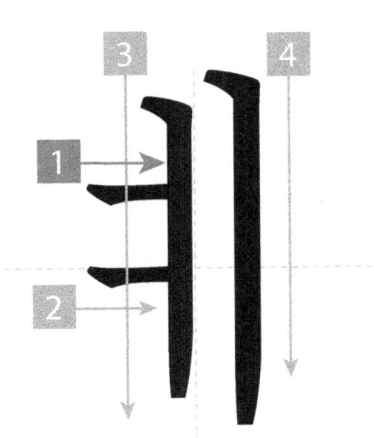

発音	'イェス'の'イェ'のように発音される。 ⊠の'エ'と同じだが軽い'Y'の音が頭に入る。
違うスタイル	ㅖ ㅖ ㅖ ㅖ ㅖ ㅖ
書き方	4画で書く。
使用例	**세계** 世界 *segye*　　**시계** 時計 *sigye*

学習　　　　　　　　　　　　　方眼の中に何度も書いて覚えましょう。

練習　　　　　　　　　　　小さめの方眼にも書いてみましょう。

音節の例

계	켸	녜	뎨	톄	례	몌	볘	폐	셰	졔	쳬	예	혜
gye	kye	nye	dye	tye	rye	mye	bye	pye	sye	jye	chye	ye	hye

ㅚ ㅚ oe

名前	'oe' - 発音と同じ

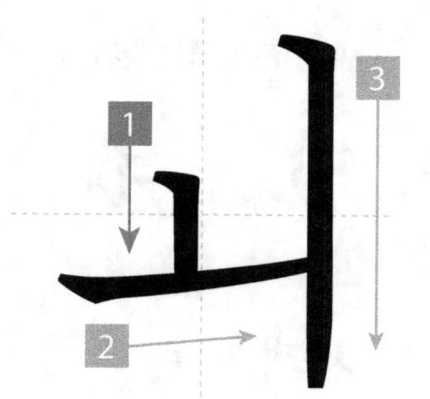

発音	のように発音される 'ウェット'の'ウェ' 'オ''エ'を一音で発したような音。
違うスタイル	ㅚ ㅗ ㅚ ㅚ ㅚ ㅚ
書き方	3画で書く。
使用例	**뇌** 脳 *noe* **회사** 会社 *hoesa*

学習

方眼の中に何度も書いて覚えましょう。

練習

小さめの方眼にも書いてみましょう。

音節の例

괴	쾨	뇌	되	퇴	뢰	뫼	뵈	푀	쇠	죄	최	외	회
goe	koe	noe	doe	toe	roe	moe	boe	poe	soe	joe	choe	oe	hoe

 **wa**

名前	'wa' - 発音と同じ

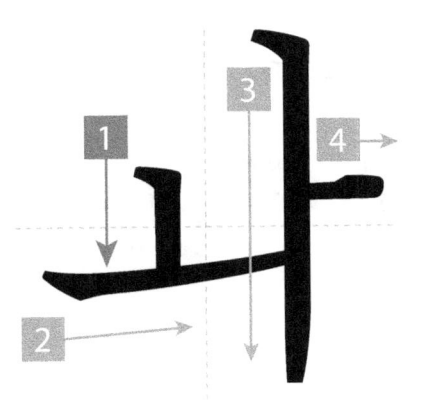

発音	のように発音される 優しい'ワープ'の'ワ' 'オ"ア'を一音で発したような音
違うスタイル	과 과 과 과 과
書き方	4画で書く
使用例	**와!** わあ！ **과일** フルーツ **사과** 林檎
	wa! *gwail* *sagwa*

学習

方眼の中に何度も書いて覚えましょう。

練習

小さめの方眼にも書いてみましょう。

音節の例

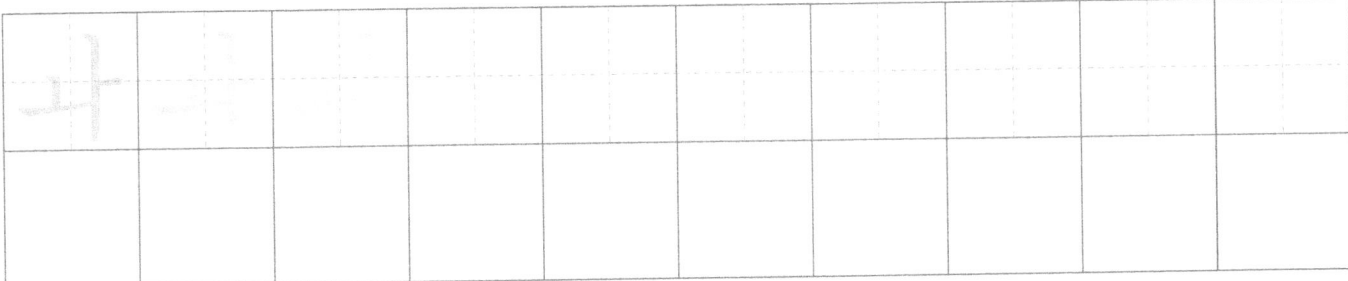

과	콰	놔	돠	톼	롸	뫄	봐	퐈	솨	좌	촤	와	화
gwa	kwa	nwa	dwa	twa	rwa	mwa	bwa	pwa	swa	jwa	chwa	wa	hwa

내 내 wae

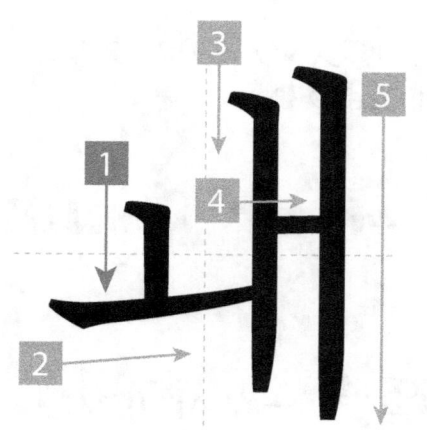

名前	'wae' - 発音と同じ
発音	のように発音される 優しい'ウェット'の'ウェ''オ''ア''エ'を一音で発したような音。
違うスタイル	내 ㅗH 내 내 내 내
書き方	5画で書く。
使用例	**왜요?** 何故？ **인쇄** プリント **돼지** 豚
	waeyo? *inswae* *dwaeji*

学習

方眼の中に何度も書いて覚えましょう。

練習

小さめの方眼にも書いてみましょう。

音節の例

괘	쾌	놰	돼	퇘	뢔	뫄	봬	퐤	쇄	좨	쵀	왜	홰
gwae	kwae	nwae	dwae	twae	rwae	mwae	bwae	pwae	swae	jwae	chwae	wae	hwae

ㅓ ㅟ wi

| 名前 | 'wi' - 発音と同じ |

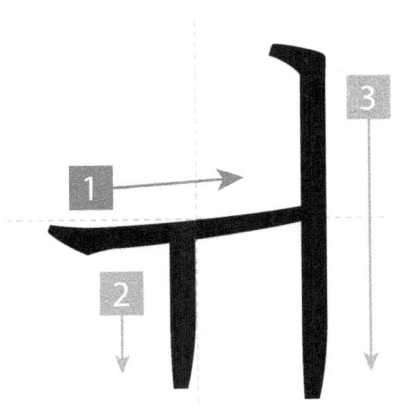

| 発音 | のように発音される 優しい'ウィーク'の'ウィ' "ウ"イ'を一音で発したような音。 |

| 違うスタイル | ㅟ ㅟ ㅟ ㅟ ㅟ ㅟ |

| 書き方 | 3画で書く。 |

| 使用例 | 키위 キウイ 바퀴 車輪　귀걸이 |
kiwi　　　　bakwi
イヤリング
gwigeoli

学習

方眼の中に何度も書いて覚えましょう。

練習

小さめの方眼にも書いてみましょう。

音節の例

귀	퀴	뉘	뒤	튀	뤼	뮈	뷔	퓌	쉬	쥐	취	위	휘
gwi	kwi	nwi	dwi	twi	rwi	mwi	bwi	pwi	swi	jwi	chwi	wi	hwi

궈 궈 **wo**

名前	'wo' - 発音と同じ

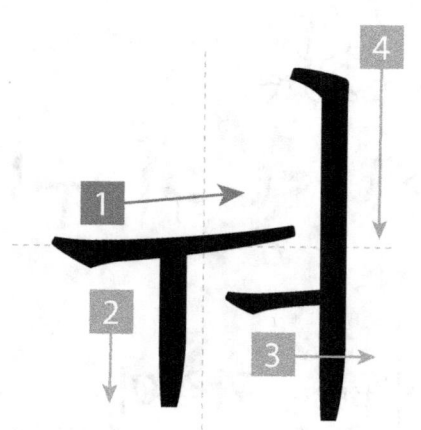

発音	のように発音される 優しい'ウォーク'のウォ" "ウ"オ'を一音で発したような音。
違うスタイル	궈 궈 궈궈 궈궈
書き方	4画で書く。
使用例	**소원** 祈り *sowon*　　**법원** 裁判所 *beob-won*

学習　　　　　　　　　方眼の中に何度も書いて覚えましょう。

練習　　　　　　　　　小さめの方眼にも書いてみましょう。

音節の例

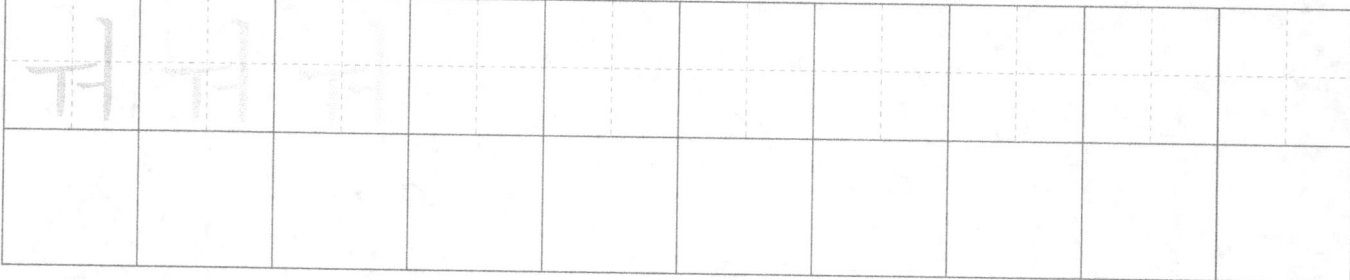

궈	쿼	눠	둬	퉈	뤄	뭐	붜	풔	쉬	줘	춰	워	훠
gwo	kwo	nwo	dwo	two	rwo	mwo	bwo	pwo	swo	jwo	chwo	wo	hwo

뗴 뗴 **we**

名前	'we' - 発音と同じ

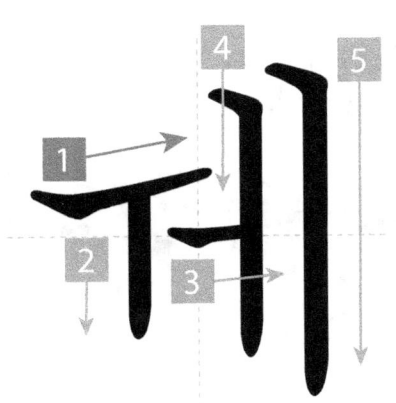

発音　のように発音される 優しい'ウェディング'の'ウェ'
ウ"エ'を一音で発したような音で、외
と間違えやすい。

違うスタイル　뗴 뒈 뗴 뗴 뗴 뗴

書き方　5画で書く。

使用例　**웨딩** ウェディング (あまり使われない)
　　　　weding

学習　　　　　　　　　　　　方眼の中に何度も書いて覚えましょう。

練習　　　　　　　　　　　　小さめの方眼にも書いてみましょう

音節の例

궤	퀘	눼	뒈	퉤	뤠	뭬	붸	풰	쉐	줴	쵀	웨	훼
gwe	kwe	nwe	dwe	twe	rwe	mwe	bwe	pwe	swe	jwe	chwe	we	hwe

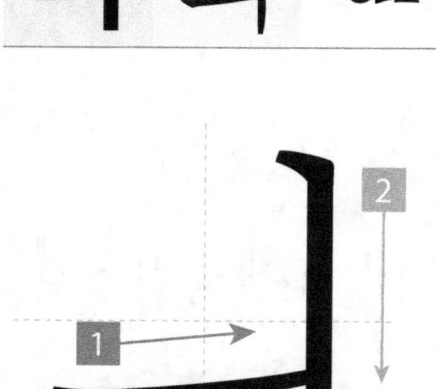

ㅢ ui

| 名前 | 'ui' - 発音と同じ |

| 発音 | のように発音される'ユエ'または'ユウェ' 'ユ"エ'を短く一音で発したような音。 |

| 違うスタイル | ㅢ ㅢ ㅣ ㅢ ㅢ |

| 書き方 | 2画で書く。 |

| 使用例 | **의사** 医者 *uisa* **의자** 椅子 *uija* |

学習

方眼の中に何度も書いて覚えましょう。

練習

小さめの方眼にも書いてみましょう

音節の例

긔	킈	늬	듸	틔	릐	믜	븨	픠	싀	즤	츼	의	희
gui	kui	nui	dui	tui	rui	mui	bui	pui	sui	jui	chui	ui	hui

ㄲ ㄲ gg

| 名前 | 쌍기역 **ssang giyeok** |

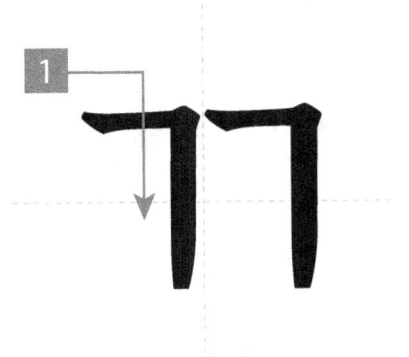

| 発音 | *'グゥ'* |
| | ㄱ（キヨク）を強調した音。 |

| 違うスタイル | ㄲ ㄲ ㄲ ㄲ ㄲ ㄲ |

| 書き方 | ㄱ2回、計2⊠で書く |

| 使用例 | 낚시 釣り 토끼 ウサギ |
| | *naggsi* *toggi* |

学習

方眼の中に何度も書いて覚えましょう。

練習

小さめの方眼にも書いてみましょう

音節の例

까	꺄	꺼	껴	꼬	꾜	꾸	뀨	끄	끼
gga	ggya	ggeo	ggyeo	ggo	ggyo	ggu	ggyu	ggeu	ggi

ㄸ ㄸ dd

名前	쌍디귿　**ssang digeut**

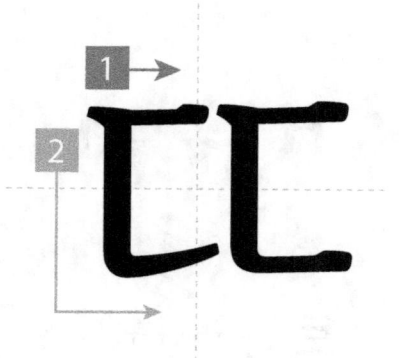

発音　'ドゥ'
　　　ㄷ（ティグッ）を⊠調した音。

違うスタイル　ㄸ ㄸ ㄸ ㄸ ㄸ ㄸ

書き方　ㄷ2回、計4⊠で書く

使用例　**머리띠** ヘッドバンド　**뜨거운** 熱い
　　　　meoliddi　　　　　　　*ddeugeoun*

学習　　　　　　　　　　　方眼の中に何度も書いて覚えましょう。

ㄸ	ㄸ ㄸ ㄸ					

練習　　　　　　　　　　　小さめの方眼にも書いてみましょう

ㄸ	ㄸ ㄸ ㄸ					

音節の例

따	따	떠	떠	또	뚀	뚜	뜌	뜨	띠
dda	ddya	ddeo	ddyeo	ddo	ddyo	ddu	ddyu	ddeu	ddi

ㅃ ㅃ bb

名前	쌍비읍 **ssang bieup**

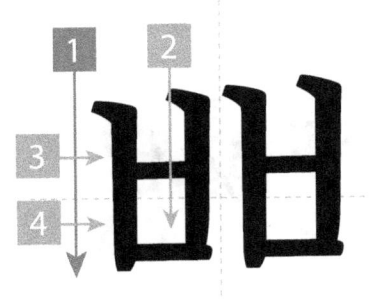

発音　　'ブゥ'
ㅂ（ビウプ）を☒調した音。

違うスタイル　ㅃ ㅃ ㅃ ㅃ ㅃ ㅃ

書き方　　ㅂ2回、計8☒で書く

使用例　　**빵** パン　　　**빠른** 速い　　　**바쁜** 忙しい
　　　　bbang　　　*bbaleun*　　　*babbeun*

学習

方眼の中に何度も書いて覚えましょう。

ㅃ ㅃ					

練習

小さめの方眼にも書いてみましょう

ㅃ									

音節の例

빠	빠	뻐	뼈	뽀	뾰	뿌	쀼	쁘	삐
bba	bba	bbeo	bbyeo	bbo	bbyo	bbu	bbyu	bbeu	bbi

| 从 | 从 | **SS** | 名前 | 쌍시옷 **ssang siot** |

発音	'シュゥ' ㅅ（シオッ）を強調した音。
違うスタイル	从 从 从 从 从 从
書き方	ㅅ2回、計4画で書く。
使用例	비싼 高い *bissan*　　싼 安い *ssan*

学習

方眼の中に何度も書いて覚えましょう。

从	从	从			

練習

小さめの方眼にも書いてみましょう

从	从	从									

音節の例

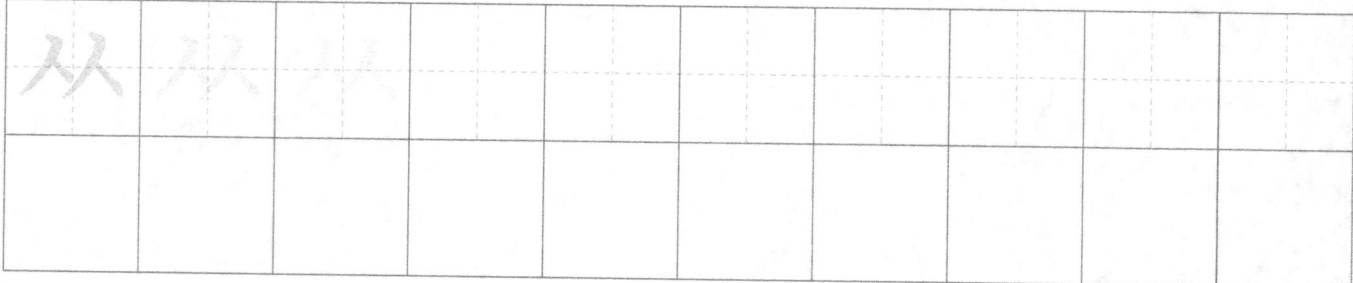

싸	쌰	써	쎠	쏘	쑈	쑤	쓔	쓰	씨
ssa	ssya	sseo	ssyeo	sso	ssyo	ssu	ssyu	sseu	ssi

ㅉ ㅉ jj

名前	쌍 지읒 **ssang jieut**

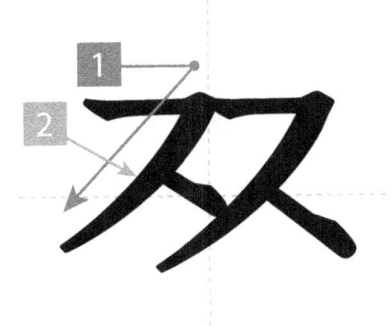

発音	'ジュゥ' ㅈ（チウッ）を⊠調した音。
違うスタイル	ㅉ ㅈㅈ ㅉ ㅉ ㅉ ㅉ
書き方	ㅈ2回、計4⊠で書く
使用例	**찌개** シチュー、スープ　**짜다** 塩辛い *jjigae*　　　　　　　　*jjada*

学習

方眼の中に何度も書いて覚えましょう。

練習

小さめの方眼にも書いてみましょう

音節の例

짜	쨔	쩌	쪄	쫘	쬬	쭈	쮸	쯔	찌
jja	jjya	jjeo	jjyeo	jjo	jjyo	jju	jjyu	jjeu	jji

ドリル　　この子音を組み合わせよう。　　애 애　　どのような音ですか

ㄱ									
ㅋ									
ㄴ									
ㄷ									
ㅌ									
ㄹ									

ドリル　　この子音を組み合わせよう。　　애 애　　どのような音ですか

ㅁ									
ㅂ									
ㅍ									
ㅅ									
ㅈ									
ㅊ									

注記：例はあくまで練習用であり、実践的ではないことがあります。

ドリル　　この子音を組み合わせよう。　　**에 에**　　どのような音ですか

ㄱ								
ㅋ								
ㄴ								
ㄷ								
ㅌ								
ㄹ								

ドリル　　この子音を組み合わせよう。　　**예 예**　　どのような音ですか

ㅁ								
ㅂ								
ㅍ								
ㅅ								
ㅈ								
ㅊ								

（123ページ参照）

ドリル　この子音を組み合わせよう。　**외 외**　どのような音ですか

ㄱ								
ㅋ								
ㄴ								
ㄷ								
ㅌ								
ㄹ								

ドリル　この子音を組み合わせよう。　**와 와**　どのような音ですか

ㅁ								
ㅂ								
ㅍ								
ㅅ								
ㅈ								
ㅊ								

注記：例はあくまで練習用であり、実践的ではないことがあります。

ドリル　この子音を組み合わせよう。	왜 왜	どのような音ですか
ㄱ		
ㅋ		
ㄴ		
ㄷ		
ㅌ		
ㄹ		

ドリル　この子音を組み合わせよう。	위 위	どのような音ですか
ㅁ		
ㅂ		
ㅍ		
ㅅ		
ㅈ		
ㅊ		

（123ページ参照）

ㄱ										
ㅋ										
ㄴ										
ㄷ										
ㅌ										
ㄹ										

ドリル　　この子音を組み合わせよう。　　웨　웨　　どのような音ですか

ㅁ										
ㅂ										
ㅍ										
ㅅ										
ㅈ										
ㅊ										

注記：例はあくまで練習用であり、実践的ではないことがあります。

　この子音を組み合わせよう。　**의　의**　　どのような音ですか

ㄱ							
ㅋ							
ㄴ							
ㄷ							
ㅌ							
ㄹ							

　この子音を組み合わせよう。　**ㄲ　ㄲ**　　どのような音ですか

야							
요							
오							
이							
유							
어							

（123ページ参照）

ドリル　この子音を組み合わせよう。　ㄸ　ㄸ

							どのような音ですか
아							
우							
으							
여							
애							
왜							

ドリル　この子音を組み合わせよう。　ㅃ　ㅃ

							どのような音ですか
외							
애							
위							
예							
여							
유							

注記：例はあくまで練習用であり、実践的ではないことがあります。

ドリル　　この子音を組み合わせよう。　　**从　从**　　どのような音ですか

야
요
오
이
유
어

ドリル　　この子音を組み合わせよう。　　**즈　즈**　　どのような音ですか

위
야
유
왜
여
의

（123ページ参照）

1 この字母の発音に似ているのは
- A. 英語発音'M'の'エ'
- B. 'ウォーク'の'ウォ'
- C. 'ウェット'の'ウェ'
- D. 'イェス'の'イェ'

2 ハングルにある二重母音の数は？
- A. **10**　B. **11**
- C. **12**　D. **13**

3 ハングルのつくりとして間違っているのは？

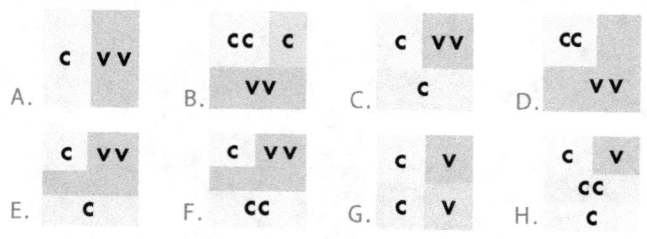

4 キウイフルーツの綴りとして正しいのは
- A. **그외**　B. **지위**
- C. **키위**　D. **끠외**

5 この字母の発音に似ているのは_____？
- A. 'ウィーク'の'ウィ'
- B. 'ウェディング'の'ウェ'
- C. 'ウォーク'の'ウォ'
- D. 'ウェイト'の'ウェイ'

6 この字母は何画？
正しい書き順が書きこめるかな？
- A. **6**　B. **8**
- C. **10**　D. **12**

7 'エール'の'エ'のように発音するのは_____

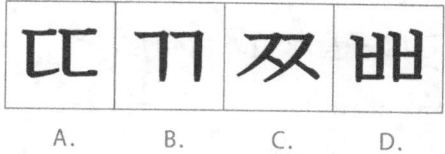

A. ㅖ　B. ㅒ
C. ㅐ　D. ㅔ

8 'ブゥ'と発音する二重母音はどれ？

ㄸ　ㄲ　ㅉ　ㅃ

A.　　B.　　C.　　D.

9 **컴퓨터** が何か分かる？
- A. コメディアン　B. コンフォーター
- C. コンピューター　D. カンパニー

10 ハングルって書ける？

（答えは*128*ページ参照）

複合子音と末子音

받침

'末'子音

音節のことを◻んでいたときに少しだけ、받침 パッチム（末子音）については触れたと思います。音節の最後に来たときに発音を変化させる子音のことをパッチムと呼び、字母を3つ以上含んだ音節にしか発生しません。また、通常の子音と二重子音のどちらのケースも存在します。

韓国語特有のこのパッチム、初心者が理解に苦しむのも無理はありません。ここではそんなパッチムをできるだけ分かりやすく解説していこうと思います。

パッチムと二重パッチム

通常子音のパッチムは、見た目こそ変わりませんが、発音が変化します。また1文字の下に2つ子音が並んでいる場合、これを◻◻◻二重パッチムと呼びます

末子音
（パッチム）

겹받침 が、子音二つを組み合わせた二重パッチム11種類です。前に出て◻た合成字母と違って、これらはパッチムとして以外で現れることは絶◻にありません。

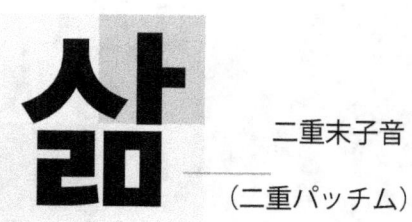

二重末子音
（二重パッチム）

> パッチムをとにかく分かりやすく 받침 するとするならば、基本字母である: ㄱㄴㄷㄹㅁㅂ と ㅇ。（*99ページのチャートを参照*）

重要ポイント！

正しいパッチムは英語発音の'shop'の'p'ように有気音にはならず、日本語の'ショップ'の'プ'のようにしっかり発音されます。

二重パッチムは2つの子音によって成りますが、基本的には一つの音しか発音されません。その音は、音節自体が他の影響を受けているかどうか、また次の音節が子音で始まるか母音で始まるかによって決まります。

文の終わり、もしくは次の音節が子音の音で始まる場合、⊠ ⊠ ⊠ ⊠ ⊠ ⊠ ⊠は1つ目の字母の音だけを発音し、⊠ ⊠ ⊠は2つ目の字母の音で発音します。全て覚えるよりは、2つ目を発音する3つだけ覚えるようにすると効率がいいですよ。

次の音節が母音で始まる場合、その母音に引っ張られたような音になり、スムーズな発音をしやすくしてくれます。これについては後で詳しく勉強しましょう

これらが韓国語で使われる最後の字母群になります。

ᆪ ᆪ k	発音	1つ目の字母のパッチム⊠で発音する ᄀ
ᆪ	違うスタイル	ᆪ ᆪ ᆪ ᆪ ᆪ ᆪ
	書き方	ᄀ+ᄉ、計3⊠で書く。
	使用例	삯 給料、料金 *sags*　　몫 共有する、一部 *mogs*

練習　　　　　　　　　　　　　　方眼の中に何度も書いて覚えましょう。

 **n**

発音	1つ目の字母のパッチム ㄴ で発音する

ㄴㅈ

違うスタイル ㄴㅈ ㄴㅈ ㄴㅈ ㄴㅈ ㄴㅈ ㄴㅈ

書き方   ㄴ＋ㅈ、計4⊠で書く

使用例   **앉다** 座る   **앉으세요** 座ってください
          anjda   *anjeuseyo*

練習   方眼の中に何度も書いて覚えましょう。

ㄴㅈ	ㄴㅈ							

 **n**

発音	1つ目の字母のパッチム ㄴ で発音する

ㄴㅎ

違うスタイル ㄴㅎ ㄴㅎ ㄴㅎ ㄴㅎ ㄴㅎ ㄴㅎ

書き方   ㄴ＋ㅎ、計4⊠で書く。

使用例   **많다** たくさんの
          manhda

練習   方眼の中に何度も書いて覚えましょう。

ㄴㅎ	ㄴㅎ	ㄴㅎ						

| ㄹㄱ | ㄹㄱ k | 発音 | 2つ目の字母のパッチム ㄱ で発音する |

| 違うスタイル | ㄹㄱ ㄹㄱ ㄹㄱ ㄹㄱ ㄹㄱ ㄹㄱ |

書き方　　ㄹ+ㄱ、計4⊠で書く。

使用例　　**읽다** 読む　　　**닭이** ニワトリ
　　　　　ilgda　　　　　　*dalgi*

練習　　　　　　　　　　　　　方眼の中に何度も書いて覚えましょう。

| ㄹㅁ | ㄹㅁ m | 発音 | 2つ目の字母のパッチム ㅁ で発音する |

| 違うスタイル | ㄹㅁ ㄹㅁ ㄹㅁ ㄹㅁ ㄹㅁ ㄹㅁ |

書き方　　ㄹ+ㅁ、計6⊠で書く。

使用例　　**삶** 命　　　**젊다** 若い
　　　　　salm　　　　　*jeolmda*

練習　　　　　　　　　　　　　方眼の中に何度も書いて覚えましょう。

 **래 1**

発音	1つ目の字母のパッチム ㄹ で発音する

래

違うスタイル **래 래 래 래 래**

書き方　　ㄹ+ㅂ、計7画で書く。

使用例　**짧은** 短い　　**넓다** 広い
　　　　　jjalbeun　　　　*neolbda*

練習　　　　　　　　　　方眼の中に何度も書いて覚えましょう。

래	래	래						

 **ㄹㅅ 1**

発音	1つ目の字母のパッチム ㄹ で発音する

ㄹㅅ

違うスタイル **ㄹㅅ ㄹㅅ ㄹㅅ ㄹㅅ ㄹㅅ**

書き方　　ㄹ+ㅅ、計5画で書く

使用例　**외곬** 外
　　　　　oegols

練習　　　　　　　　　　方眼の中に何度も書いて覚えましょう。

ㄹㅅ	ㄹㅅ	ㄹㅅ						

 **ㄹㅌ** ㄹㅌ 1 | 発音 | 1つ目の字母のパッチム ㄹ で発音する

違うスタイル **ㄹㅌ** **ㄹㅌ** ㄹㅌ **ㄹㅌ** *ㄹㅌ* **ㄹㅌ**

書き方　ㄹ＋ㅌ、計6⊠で書く。

使用例　**핥다** 舐める

haltda

練習　　　　　　　　　　　　　方眼の中に何度も書いて覚えましょう。

 **ㄹㅍ** ㄹㅍ p | 発音 | 2つ目の字母のパッチム ㅂ で発音する

違うスタイル **ㄹㅍ** **ㄹㅍ** ㄹㅍ **ㄹㅍ** *ㄹㅍ* **ㄹㅍ**

書き方　ㄹ＋ㅍ、計7⊠で書く。

使用例　**읊다** 暗唱する

eulpda

練習　　　　　　　　　　　　　方眼の中に何度も書いて覚えましょう。

 **1**

발음   1つ目の字母のパッチム ㄹ で発音する

違うスタイル   ㅀ ㄹㅎ ㅀ ㅀ ㅀ ㅀ

書き方   ㄹ+ㅎ、計6㐀で書く

使用例   **끓다** 沸騰させる   **잃다** 負ける
             k.keulhda   *ilhda*

ㅀ

練習   方眼の中に何度も書いて覚えましょう。

ㅀ	ㅀ	ㅀ							

 **p**

発音   1つ目の字母のパッチム ㅂ で発音する

違うスタイル   ㅄ ㅂㅅ ㅄ ㅄ ㅄ ㅄ

書き方   ㅂ+ㅅ、計6㐀で書く。

使用例   **값을** 値段   **없다** 存在しない、
             gabseul   持っていない
                                       eobsda

ㅄ

練習   方眼の中に何度も書いて覚えましょう。

ㅄ	ㅄ	ㅄ							

　　この子音を組み合わせよう。

					どのような音ですか？
ㄱ + 아 + ㄳ					
ㅁ + 요 + ㄵ					
ㅂ + 우 + ㅀ					
ㄲ + 이 + ㄺ					
ㅍ + 애 + ㄻ					
ㅅ + 에 + ㄼ					
ㅈ + 야 + ㄽ					
ㅃ + 어 + ㄾ					
ㅊ + 유 + ㄿ					
ㅌ + 여 + ㅀ					
ㄹ + 오 + ㅄ					
ㄷ + 애 + ㄵ					
ㅋ + 으 + ㄼ					
ㅆ + 우 + ㄾ					

（123ページ参照）

					どのような音ですか？
ㅍ + 야 + ㄲ					
ㅂ + 애 + ㄿ					
ㄹ + 와 + ㄽ					
ㅈ + 유 + ㄸ					
ㅃ + 야 + ㄿ					
ㄴ + 왜 + ㄲ					
ㅎ + 오 + ㅀ					
ㅂ + 이 + ㅄ					
ㅁ + 위 + ㄳ					
ㄸ + 아 + ㄼ					
ㅅ + 우 + ㄸ					
ㄴ + 워 + ㄵ					
ㅉ + 왜 + ㄶ					
ㄷ + 예 + ㄺ					

注記：例はあくまで練習用であり、実践的ではないことがあります。

　　この子音を組み合わせよう。

		どのような音ですか？
ㄱ + 예 + 래		
ㄲ + 와 + 래		
ㅁ + 으 + 끼		
ㅋ + 야 + 라		
ㅈ + 애 + 라		
ㅃ + 요 + 래		
ㅊ + 아 + 하		
ㅌ + 유 + 라		
ㅂ + 왜 + ㅄ		
ㅍ + 오 + ㄵ		
ㄹ + 의 + 하		
ㄷ + 이 + 리		
ㅋ + 애 + 래		
ㅎ + 요 + ㄳ		

（123ページ参照）

1  ᆹはどんな音？

A. 'グミ'の'グ'
B. 音を出さない'ク'
C. 音を出さない'トゥ'
D. 音を出さない'ス'

2 겹받침 字母の数はいくつ？

A. 7   B. 9
C. 11   D. 13

3 겹받침 どの二重パッチムが2文字目で発音する？

래	ᆭ	ᆱ	리
A.	B.	C.	D.

4 簡☒にパッチムの音は___つある。받침？

A. 8   B. 7
C. 6   D. 5

5  この ㄹ はどう☒音する？

A. 'ムード'の'ム'
B. 'スープ'の'ス'
C. 英語発音'L'の'ル'
D. 無音

外곬

6 리 はどう☒音する？

A. 'グミ'の'グ'
B. 音を出さない'ク'
C. 英語発音'L'の'ル'
D. 英語発音'R'の'ル'

닭

7 맑게 の正しい発音は？

A. [말께]   B. [마께]
C. [말게]   D. [마게]

8 続く音節が母音で始まるとき、'クイズ'の'ク'のような発音をするのはどれ？

ᆬ	ᆪ	ᆹ	랲
A.	B.	C.	D.

9 값을 の正しい発音は？

A. [갓블]   B. [가블]
C. [가쁠]   D. [갑슬]

10 この ㄹ はどう☒音する？

A. 'ムード'の'ム'
B. 'スープ'の'ス'
C. 英語発音'L'の'ル'
D. 無音

삶에

（答えは128ページ参照）

パート6

発音の変化とその法則

単語は基本的に複数の音節から構成され、文章になればその量は格段に増えます。音節を繋げて言葉にしていくにあたって学ばければいけないのが、一部の音節同士の組み合わせが違う発音を生むということ。会話となりスピードが上がれば尚のことです。普段自分でも、自分の国の言葉で何気なく使いこなしているであろう発音の変化ですが、新しい言語を学ぶ際には意外な落とし穴になりかねません。

韓国語でナチュラルな日常会話を実践するのに知っておかなければならないルール。これは音が変わるだけでなく、文字を書くときにも影響してくるものです。

このパートでは、そんな発音変化のルールを取り上げますが、前回までのパートに比べると情報量が多く、一度に頭に入れるのは難しいと思います。栞を挟んでおいて、必要になったらここに戻ってくるという方法をおすすめします

このルール、残念なのは覚えてしまうしか習得する方法がないということ。最初は圧倒されてしまうかもしれませんが、理解して練習を積むことができれば、ネイティブのような発音が身につくこと間違いありません！

綴りvs.発音

약 & **약** = 同じ発音 | **짚** & **집** = 同じ発音

英語を学校で学んできた人なら、単語の綴りと音の関係に疑問を抱くことがあったでしょう。例えば'way'と'weigh'。発音は全く一緒なのに意味は全く違う。綴りを見るか、会話の脈絡から読み取ることで区別しますよね。綴りを変えてしまうことは、単語自身のルーツや歴史を壊すことになるので、できないんです

同化

音節の最後の音が次の音節の頭の音と影響し合って、片方または両方の音が変化することをいいます。1音だけならこれまでに学んだ通りの発音で問題ないのですが、会話のスピードで連続的に発音されると、同化してしまうのです。

広範囲に及ぶ法則があったと思えば、また別の法則はとても限定的だったりします。そんな法則の一部を例としてお見せしましょう

ㄴ + ㄹ OR ㄹ + ㄴ = ㄹ + ㄹ

① ㄴとㄹが前後問わず音節をまたいで隣り合ったとき、ㄴはㄹとして⊠音*され、ダブルL（-ll）音になります。

연락 → 열락

綴り　　　　　発音

잘난 → 잘란

② 一方ㄹ2つが隣り合ったときは、シングルL音になります。

英語を例に出してみます。'Pass me the handbag, please.'とナチュラルに発音した場合、'パスミーザハンドバッグ、プリーズ'ではなく'パスミーザハンバッグ、プリーズ'のようになると思います。

'ハンド'の'ン'は'M'の音に近くなり、'バ'の発音を優先する結果'ド'の音が消失するのです。これは'M'と'B'がどちらも同じように唇を動かして発音することに由来します。音の同化は、スピーディーな会話には不可欠なんです。

*入門書でカバーできることではありませんが、例外は存在します。例えば既存の単語に音節を追加するとなると、⊠+⊠ は⊠+⊠になります。

再音節化

再音節化は、綴りと発音に違いが生まれる、韓国語によく起こる同化の一種です。例外を除いて、この法則は基本的に適用されます。

❶ 받침 に続く音節が母音の音で始まる場合、末子音の音を続けます。

例外：末子音が ○（ング）の場合はこの音の⊠化は起こりません。末子音となった ㅎ, の 'h' の音は弱まるか消失します。

母音で始まる音節は ○ が置かれますが、この ○ が置き換わると考えていいでしょう。'音楽'の韓国語を見てみましょう。

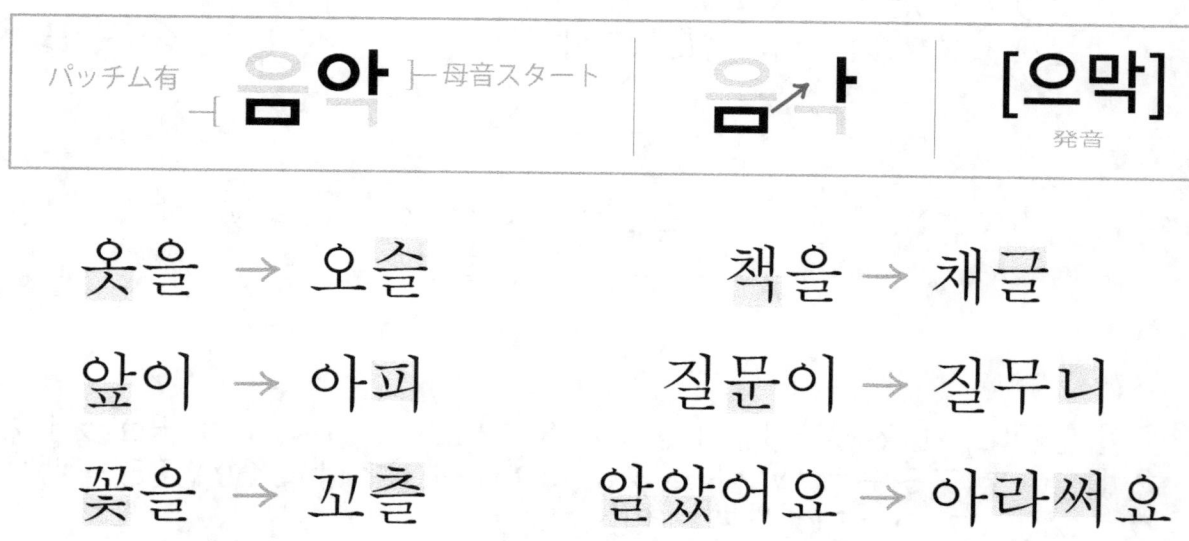

옷을 → 오슬   책을 → 채글

앞이 → 아피   질문이 → 질무니

꽃을 → 꼬츨   알았어요 → 아라써요

この再音節化は気づかないうちにいろんなところで起こっています。声に出して、英語でお礼を言ってみてください。本来の2語にわざわざ分けて'サンク・ユー'とは言わず、'サンキュー'と言いましたよね？コンセプトとしてはこれと全く同じです！

---

*末子音のは消失してしまいますが、ある子音に隣り合うことで、その子音を強調したり有気音にしたりという効果があったりします。これについては後ほど！

二重パッチムはある特殊な法則を持っています。これらは初心者にはまだ難しいですが、さらにややこしい法則も勉強を重ねるうちに出てくるので、とりあえず存在だけでも知っておいてください

4字母の音節が発音されるとき、二重パッチムの2字母の内1つだけの音になると学んだと思います。単体の音節であれば通常、1つ目の字母の音に従います。しかし、

❷ 二重パッチムの次が母音で始まる音節の場合、2つ目の子音が次の○を置き換えることになり、結果2つの子音がどちらも 받침 音されることになるのです

綴り　　　発音
읽어 → 일거

意味　読む

값을 → 갑슬

意味:　　値段

삶에 → 살메

意味:　　命

❸ 二重パッチムの続きが子音、またはない場合には、通常通り2つのうち1つの子音だけが発音されます。

ㄻ, ㄿ, ㄺ, の3つは2文字目の子音を、それ以外は1文字目を発音します。

例外：ㄺ の続きが ㄱ の場合のみ、 ㄹ の方を発音します。

넋 → 넉

값 → 갑

삶 → 삼

これらのルールはあくまで発音にだけ適用されるのであって、綴りが変わることはないことは忘れないでください。

鼻音化

この同化は、子音の次が鼻音である ㄴ もしくは ㅁ だった場合に、その子音も鼻音化するというものです。

これら音の変化を表を作ってまとめてみました。分かりやすいように例もつけてあります。

パッチム	続きの字母	音の同化、パッチムの鼻音化	音の変化の例
ㄱ ㅋ ㄲ	＋ㄴ	ㄱ → ㅇ	죽는 → 중는
ㄱ	＋ㅁ	ㄱ → ㅇ	국물 → 궁물
ㅂ ㅍ	＋ㄴ	ㅂ → ㅁ	밥맛 → 밤맛
ㅂ ㅍ	＋ㅁ	ㅂ → ㅁ	앞문 → 암문
ㄷ ㅌ ㅈ ㅊ ㅅ ㅆ ㅎ	＋ㄴ ＋ㅁ	ㄷ → ㄴ	몇년 → 면년 있는 → 민는 듣는 → 든는

自分が普段していることでも、違う言語をいざ学ぶとなると忘れてしまうんですよね。これらの法則を守れば、ネイティブにより近い発音を習得できるでしょう。覚える価値ありです！

口蓋化

音の組み合わせ次第で全く新しい音ができることがあるのがこの口蓋化。説明は少しややこしくなりますが、日常生活で実際に使われることもあまりないようです。

単語や文章をスピーディーに発音していると、知らない間に使っているかもしれません。

英語発音で'Did you?'と声に出してみましょう。'ディドゥユー？'とはっきり言いましたか？それとも'ディッジュー？'速度を変えて読んでみると、今までなかったような音が聞こえてくるかもしれませんよ

これらの例を日本語で表すなら何になるか、考えてみてもいいですね。

❶ ㄷ + 이 → 지

パッチムㄷ の次が 이, だった場合 ㅈ の音になり、ㅇを置き換えて 지 になります。

굳이 → 구지
해돋이 → 해도지

❷ ㅌ + 이 → 치

パッチムㅌの次が 이 だった場合 ㅊの音になり、こちらも ㅇ を置き換えて 치 になります。

같이 → 가치
밭이 → 바치

❸ ㄷ + 히 → 치

パッチムㄷの次が히だった場合ㅎの音が消失し、치になります。

묻히 → 무치
닫히다 → 다치다

ㅎの⬚化

ㅎは次に母音や鼻音がくると、ネイティブでないと聞こえないくらいまで音が弱くなります。あくまで弱いだけなので、無音であるという表現は不正解ですし、ゆっくり言われれば聞き取れます。

좋아요 → 조아요　　공부하다 → 공부아다

意味：良い　　　　　　　　　　意味：勉強する

この하다は日常でよく使われる言葉ですが、⬚音は아다 に近いです。

有気音

ㄱ,ㄷ,ㅂ,ㅈ の前後に ㅎ,がくると、強い有気音になります *(ㅋ,ㅌ,ㅍ,ㅊ)*. 空⬚を放出する有⬚音である子音に、ㅎ　（これも有気子音）が合わさることで、より強く空気を吐く音になるのです。

❶

ㅎ + ㄱ	→	ㅋ
ㅎ + ㄷ	→	ㅌ
ㅎ + ㅂ	→	ㅍ
ㅎ + ㅈ	→	ㅊ

❷

ㄱ + ㅎ	→	ㅋ
ㄷ + ㅎ	→	ㅌ
ㅂ + ㅎ	→	ㅍ
ㅈ + ㅎ	→	ㅊ

例：

좋고	→	조코
닿다	→	다타
좋지	→	조치
어떻게	→	어떠케
국화	→	구콰
집회	→	지푀
맞히다	→	마치다

強化＆増大化

子音が連続した場合、互いに影響し合い発音がしやすくなることはよくあります。しかしこの法則は一貫性を生むと同時に、多数の例外も発生させてしまっています。説明はややこしくなりますし、ましてや韓国語初心者には向いていません！

ネイティブはこのような法則、説明なんてなくても生活の中でごく自然に取り込んでしまいます。だからこそ余計に説明が難しいのです。

一部の子音は、次の音節が ㄱ,ㄷ,ㅂ,ㅅ,ㅈ, で始まる場合、2字分に強化されて ㄲ,ㄸ,ㅃ,ㅆ,ㅉ. になってしまいます。

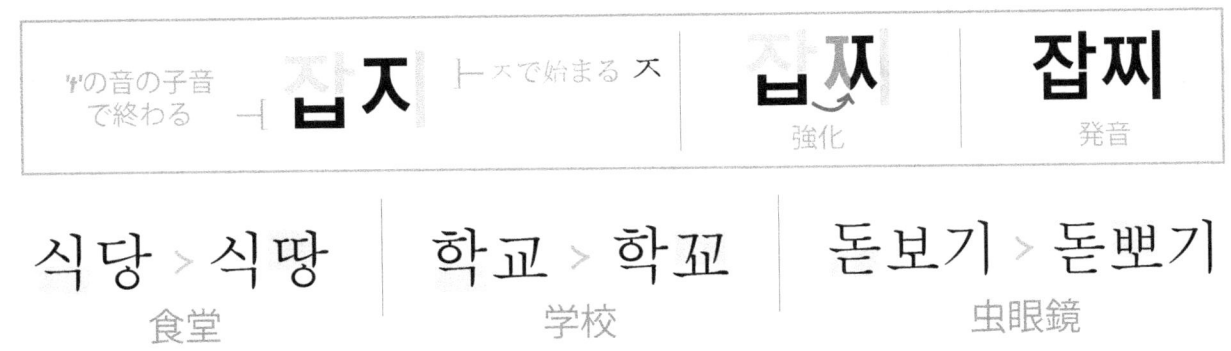

식당 > 식땅
食堂

학교 > 학꾜
学校

돋보기 > 돋뽀기
虫眼鏡

次の音節が存在しない ㅂ のようなパッチムは、音の終わりに吐くはずの空気を抑え込みます。再現するなら、まず顔の前で手を開いて、'ター'と'スター'を連続で言ってみてください。't'の音から発せられた空気が'ター'の場合は出てきたのに対して、'スター'のときからはあまり出てこないのに気づくと思います

こうして生まれた、パッチムの抑え込まれた空気と力を、次の音で短く、力強く放出するのです。

注記：パッチム ㅎ は ㅅ,のみ強化する（になる）ことができます。

좋습니다 → 조씀니다
綴り　　　　　　発音

意味　良い

主な例外

例外となるパターンは韓国語を読み書きしていくうちに身についていくもの。ここに記すにはあまりにも多すぎるので、主要な例外だけ載せておきます

① パッチムロ ○ の次が 받침 だった場合、この は ⬚ の音に変化する。

ロ OR ○ + ㄹ

음력 → 음녁　　太陰暦

ㄹ の前に ⬚ た子音が ⬚ わった ⬚ 化をする例外。例えば ㄱ, ㄷ ㅂ (+ ㄹ) はそれぞれ ○, ㄴ, ㅁ (+ㄴ) になります。

② パッチム ㅎ は通常 ㄷ と ⬚ 音されるが、次が ㄴ の場合、ㄴ

ㅎ + ㄴ = ㄴ + ㄴ

닿는 → 단는　　触る、手を伸ばす

③ パッチム ㅅ は通常 ㄷ と発音されるが、次が ㅎ の場合、2つの変化を同時に経て ㅌ の音に変化する。

ㅅ + ㅎ = ㅌ

못하다 > 모타다　　できない、可能でない

④ ㅅ は 이 여 야 요 유 にくっついた場合 'シュ' という音になるが、아 어 우 오 으 애 에 の場合は 'ス' の音になる

ㅅ = 's-' OR 'sh-'

샴푸 シャンプー *[syam-pu]* 사서 図書館 *[sa-seo]*

単純化

パッチムの発音の種類は単純化して7つ

ㄱ	ㅋ	→	ㄱ	空気の放出を抑えた、'クイズ'の'ク'
(ㄲ)	ㄳ	ㄺ		
	ㄴ	→	ㄴ	'パン'の'ン'
	ㄵ	ㄶ		
ㄷ	ㅌ	ㅎ	→	ㄷ
ㅅ	ㅈ	ㅊ		音を出さない'プ'
(ㅆ)	⊗ㅉ	⊗ㄸ**		
	ㄹ	ㄽ	→	ㄹ	空気の放出を抑えた、音を出さない'トゥ'
ㄼ	ㄾ	ㅀ		
	ㅁ	ㄻ	→	ㅁ	音を出さない'ム'
	ㅂ	ㅍ	→	ㅂ	現在進行形英語'...イング'の'ング'
**⊗ㅃ	ㅄ	ㄿ		
	ㅇ	→	ㅇ	歯でなく口蓋に舌が触れている、英語発音の'L'

    = 二重パッチム（二重末子音）   ◯ = 二重子音（通常）   ◌ = 両方

**これらの字母はパッチムとして使うことはできません

割り込みの ㄴ

韓国語には、予期せぬところに□の音が発生することがあります。分かりやすくするために英語で言うとすれば、'rough'の'フ'の音のようなこと、ですね

特殊な法則があるためこれも初心者向きではありませんが、知っておく価値は十分にあります。ある一定の条件下において、□の音が発生し、発音をしやすくしてくれることがあるんです。ここでは、2つ単語が繋がることで新しい意味になったところに、発生しています。

꽃잎 → 꼰닙

意味　花弁

花を表す□と葉を表す□が繋がってできた複合語。

割り込みの□はこの例のように、それぞれ意味を持った単語同士が繋がったとき、また1つ目の単語がパッチムで終わり、2つ目の単語が ㅣ ㅑ ㅕ ㅛ ㅠ のいずれかで始まったときにだけ、発生します

注記：パッチムが□の場合、ここで割り込んだ□も□の発音になります。P
割り込みの□は初心者はあまり気にしなくてもいい、上級者向きのパートです！

꽃잎 → 꽃닙 → 꼰닙 → 꼰닙

綴り　　　　割り込みの ㄴ　　　鼻音化　　　単純化

注記：パッチムが□の場合、ここで割り込んだ□も□の発音になります

割り込みの□は初心者はあまり気にしなくてもいい、上級者向きのパートです！

パート **7**

実践実践で使える単語
フレーズ

数字

韓国語には数字の数え方が2種類あり、どちらも日常的に使われています。両方覚えましょう！1つはそのまま韓国語、もう1つは漢字語と呼ばれるものです。それぞれ利用されるシチュエーションが違ったり、場合によっては同時に使われることもあります。

漢字語とは中国語に影響を受けた、または中国語をルーツとした韓国語のことを言います。韓国語のおよそ2/3がこの漢語系であると言われ、これらはハングル及び朝鮮漢字'ハンチャ'で書くことができます。

少し複雑ですが、仕組みはあまり変わりませんし、使う単語もほぼ限定されています。

#	韓国語		漢字語	
0	영*	[yeong]	공*	[gong]
1	하나	[ha-na]	일	[il]
2	둘	[dul]	이	[i]
3	셋	[set]	삼	[sam]
4	넷	[net]	사	[sa]
5	다섯	[da-seot]	오	[o]
6	여섯	[yeo seot]	육	[yuk]
7	일곱	[il-gop]	칠	[chil]
8	여덟	[yeo-deol]	팔	[pal]
9	아홉	[a-hop]	구	[gu]
10	열	[yeol]	십	[sip]

主な使われ方：

漢字語

- 時間（分のみ）
- 住所
- 電話番号
- スポーツ/点数
- お金
- 日付
- 測量
- …他何でも！

韓国語

- 時間（〇時間のみ）
- 人を数える
- 物を数える
- 順番
- 年齢

注記：

韓国語の数字は99で終わるので、100以上の数字は漢字語だけになります。

韓国語数字は形容詞として少し違う要素を持つ部分もありますが、ここに書いてある数字はどこで使っても問題ないです。

*ゼロはどちらも中国由来のハンジャであるが、漢字語のゼロには⊠が使われることが多い。

漢字語数字を覚えるのはとても簡単！日本語数字の数え方とほぼ同じなため、単語さえ覚えてしまえばすぐです。

2	**이**	*2*
12	**십이**	*2-2*
20	**이십**	*2-10*
22	**이십이**	*2--10--2*
200	**이백**	*2--100*
202	**이백이**	*2--100----------------------2*
212	**이백십이**	*2--100----------------10--2*
220	**이백이십**	*2--100--2--10*
222	**이백이십이**	*2--100--2--10--2*

10 >	**십**
100 >	**백**
1,000 >	**천**
10,000 >	**만**
100,000 >	**십만**
1,000,000 >	**백만**
10,000,000 >	**천만**

大きい数字も*10,000*から上は組み合わせるだけ…

例えば100には、'1の100'という意味の⊠⊠か、もしくはただ'100'だけの⊠という 2種類の表し方があり1000でも同じく'1の1,000'である⊠⊠かただの'1,000'の⊠です。

一方韓国語数字は99までしかなく、また仕組みも少しだけ違います。

1桁の数字はもちろん、10の段にあたる数字それぞれに（英語のtwenty, thirtyみたいに）名前がありそちらも覚えなければいけません。右の表にはそのそれぞれをまとめて、さらに둘 （2）を足した数字も記してあります。ます。

10	**열**	>	12	**열둘**
20	**스물**	>	22	**스물둘**
30	**서른**	>	32	**서른둘**
40	**마흔**	>	40	**마흔둘**
50	**쉰**	>	52	**쉰둘**
60	**예순**	>	62	**예순둘**
70	**일흔**	>	70	**일흔둘**
80	**여든**	>	82	**여든둘**
90	**아흔**	>	92	**아흔둘**

1	하	나								
2	둘									
3	셋									
4	넷									
5	다	섯								
6	여	섯								
7	일	곱								
8	여	덟								
9	아	홉								
10	열									
12	열	둘								
15	열	다	섯							
18	열	여	덟							
19	열	아	홉							

20	스	물								
30	서	른								
40	마	흔								
50	쉰									
60	예	순								
70	일	흔								
80	여	든								
90	아	흔								
24	스	물	넷							
57	쉰	일	곱							
61	예	순	하	나						
73	일	흔	셋							
86	여	든	여	섯						
92	아	흔	둘							

0	공								
1	일								
2	이								
3	삼								
4	사								
5	오								
6	육								
7	칠								
8	팔								
9	구								
10	십								
100	백								
1,000	천								
10,000	만								

ドリル　漢字語数字を練習してみよう。

11	공	일							
19	십	구							
23	이	십	삼						
77	칠	십	칠						
125	백	이	십	오					
199	백	구	십	구					
201	이	백	일						
358	삼	백	오	십	팔				
540	오	백	사	십					
999	구	백	구	십	구				
1001	천	일							
2054	이	천	오	십	사				
9,999	구	천	구	백	구	십	구		

韓国語の曜日を練習してみよう。

曜日名は漢字語で、中国の五行思想と太陽そして月を基にして付けられています。月名も漢字語ですが、前ページでの数え方を使って数えます。

日付を書くときは日本語と同じく〇年〇月〇日と記します。漢字語数字が分かれば、簡単に日付を書き表すことができるのです。例えばハングルの日である10月9日は10월 9일もしくは시월 구일と書きます。

注記：일はここでは'日'という意味ですが、⊠⊠で使われると'仕事'という意味になります。また、曜日名のハングルの2文字目を省略して1文字で曜日を表現することもできます。ちなみに'太陽'が일ではなく태양であるように、省略された曜日名が必ずしも太陽や月を表すとは限りません。

ポイント：日本語の'〇曜日'、韓国語では...と表します。

月曜日 월 月	월	요	일				
火曜日 화 火	화	요	일				
水曜日 수 水	수	요	일				
木曜日 목 木	목	요	일				
金曜日 금 金	금	요	일				
土曜日 토 土	토	요	일				
日曜日 일 日	일	요	일				

月を表す월に漢字語数字がくっつくだけ（1月＝1월、2月＝2월）ですが、'*'が付いた6月と10月だけ、少し変化します（육월ではなく6月＝유월、십월ではなく10月＝시월）。

1月 1월	일	월						
21月 2월	이	월						
3月 3월	삼	월						
4月 4월	사	월						
5月 5월	오	월						
6月　* 6월	유	월						
1月 7월	칠	월						
8月 8월	팔	월						
9月 9월	구	월						
10月　　* 10월	시	월						
11月 11월	십	일	월					
12月 12월	십	이	월					

色

ハングル、そして数字や日付の書き方を覚えたら、お次は色を読み書きできるようになりましょう

下の表に書かれている単語は名詞として使うことができます。一通り見ると分かると思いますが、全てが색 'saek'（색깔 'saekkkal'を短縮したもの）で終わっています。これが日本語で言う'○色'です。'*'が付いた色について話す場合、基本的には색を使って表しますが、色のことを話していると分かる場合に、この색を省略してしまうこともできます。

韓国語の色を練習してみよう。

赤 *	빨	간	색				
橙	주	황	색				
黄 *	노	란	색				
緑	초	록	색				
青 *	파	란	색				
紫	보	라	색				
ピンク	분	홍	색				
白 *	하	얀	색				
黒 *	검	정	색				
灰色	회	색					

金色	금	색		
銀色	은	색		
銅色	청	동	색	
茶色	갈	색		
ネイビー	곤	색		
空色	하	늘	색	
深緑	초	록		
ターコイズブ	연	두	색	
ルー	청	록	색	
タン	황	갈	색	
翡翠色	비	취	색	
ベージュ	베	이	지	색
桃色	복	숭	아	색
虹色	무	지	개	색

単語リスト

ここからは、日常で使われるいろいろな単語が、テーマ毎に分けられてまとめられています。おろそかにされがちですが、語彙を増やすことは言語学習においてとても重要です。実践的な単語の知識は、文法を学びたいとき、文章を組み立てたいときなど、さらに上のレベルの学習をする際に役に立ちます。この本の終盤にある方眼ページをコピーして、単語を繰り返し書き写して練習することをおすすめします。

食べ物음식&食事먹기

식사	食事	접시	皿
아침(식사)	朝食	그릇	ボウル
점심(식사)	昼食	냄비	ポット
저녁(식사)	夕食	탁자	テーブル
과자	菓子	음료수	飲み物
고기	肉	물	水
돼지고기	豚肉	콜라	コーラ
소고기	牛肉	맥주	ビール
닭고기	鶏肉	사이다	サイダー
해물	シーフード	켄	缶
재료	材料	병	ボトル
김치	キムチ	우유	牛乳
반찬	副菜	냉면	冷麺
식당	レストラン	밥	米
메뉴	メニュー	볶음밥	チャーハン
젓가락	箸	만두	団子
칼	ナイフ	어묵	練製品
포크	フォーク	전	パンケーキ
숟가락	スプーン		
도마	まな板		

사과	りんご	바나나	バナナ
오렌지	オレンジ	파파야	パパイヤ
귤	マンダリンオレンジ	마늘	ニンニク
승도보숭아	ネクタリン	양파	タマネギ
포도	ぶどう	당근	ニンジン
배	梨	감자	ジャガイモ
멜론	メロン	고구마	サツマイモ
수박	スイカ	브로콜리	ブロッコリー
레몬	レモン	버섯	キノコ
라임	ライム	양배추	キャベツ
딸기	いちご	완두공	エンドウ
산딸기	ラズベリー	옥수수	トウモロコシ
블루베리	ブルーベリー	부추	ニラネギ
블랙베리	ブラックベリー	순무	カブ
크랜베리	クランベリー	호박	カボチャ
체리	さくらんぼ	토마토	トマト
복숭아	桃	상추	レタス
살구	アンズ	오이	キュウリ
자두	プラム	피망	ピーマン
키위	キウイ	셀러리	セロリ
망고	パイナップル	아보카도	アボカド
파인애플	パイナップル	샐러드	サラダ
자몽	グレープフルーツ	올리브	オリーブ
석류	ザクロ	애호박	ズッキーニ
코코넛	ココナッツ	껍질콩	サヤインゲン
피타야	ドラゴンフルーツ	무	ラディッシュ
두리안	ドリアン	견과	ナッツ
대추	ナツメ	아몬드	アーモンド
금귤	キンカン	땅콩	ピーナッツ

식료품	食料品店	사다	買う
가게	お店	바지	パンツ
약국	薬局	청바지	ジーンズ
빵집	パン屋	모자	帽子
열림 / 닫힘	開店/閉店	반바지	ショーツ
슈퍼마켓	スーパーマーケット	치마	スカート
쇼핑센터	ショッピングセンター	양말	靴下
백화점	デパート	신발	靴
(전통)시장	（伝統的な）市場	원피스	ドレス
편의점	コンビニ	운동화	スニーカー
서점	本屋	양복	スーツ
꽃집	花屋	안경	メガネ
영업시간	開店時間	셔츠	シャツ
돈	お金	하이힐	ハイヒール
현금	現金	티셔츠	Tシャツ
신용 카드	クレジットカード	재킷	ジャケット
체크 카드	デビットカード	드레스	ドレス
할인	割引	파자마	パジャマ
반값	半額	브라	ブラジャー
싸다	安い	팬티	下着
저렴하다	高くない	코트	コート
가격표	値札	구두	ドレスシューズ
기념품	お土産		
보증서	保証		
환불	返品		
교환	交換		
영수증	レシート		
세금	税		
쿠폰	クーポン		

기온	温度	맑다	晴天
여름	夏	쌀쌀하다	肌寒い
겨울	冬	영하	0度未満
가을	秋	영상	0度以上
봄	春	기후	気候
하늘	空	국내 여행	国内旅行
구름	雲	해외 여행	海外旅行
이슬비	霧雨	비행기	飛行機
눈바람	吹雪	공항	空港
비	雨	해외	外国
눈	雪	버스	バス
번개	雷	버스 정류장	バス停
천둥	雷鳴	역	駅
소나기	驟雨	버스 정류장	バス停留所
태풍	台風	여권	パスポート
우산	傘	지하철	地下鉄
비옷	レインコート	택시	タクシー
장마	雨季	입장시간	開店時間
해	太陽	마감시간	閉店時間
가뭄	干ばつ	숙소	宿泊施設
자외선	紫外線	짐	荷物
해변	砂浜	지도	地図
바다	海	관광 가이드	ツアーガイド
에어컨	エアコン	표	チケット
공기	空気	다리	橋
바람	風	바다	海
폭염	熱風	등대	灯台
건조하다	乾燥した	해변	ビーチ
습하다	湿度のある	산	山

아파트	アパート	티비	テレビ
방	部屋	텔레비전	テレビジョン
바닥	床	소파	ソファ
천장	天井	의자	椅子
일층	1階	탁자	テーブル
지하실	地下	식탁	ダイニングテーブル
다락방	屋根裏	책장	本棚
계단	怪談	라디오	ラジオ
정원	庭	그림	写真
창문	窓	페인팅	絵画
식물	植物	침실	寝室
화분	植木鉢	침대	ベッド
주방 / 부엌	キッチン	베개	枕
싱크대	シンク	자명종	目覚まし時計
세탁기	洗濯機	옷장	衣装ダンス
마이크로웨이브	電子レンジ	깔개	ラグ
냉장고	冷蔵庫	램프	ランプ
냉동고	冷凍庫	전구	電球
난로	ストーブ	거울	鏡
식기세척기	食洗器	포스터	ポスター
오븐	オーブン	책상	机
주전자	ケトル	컴퓨터	コンピューター
토스터	トースター	화장실	風呂場
컵	コップ	변기	トイレ
벽장	食器棚	샤워	シャワー
후라이팬	フライパン	욕조	バスタブ
냄비	鍋	싱크	シンク
거실	リビングルーム	약상자	薬品棚
가구	家具		

体 몸

머리	頭	가슴	胸
이마	おでこ	등	背中
눈	目	허리	ウエスト
귀	耳	배꼽	へそ
귓불	耳たぶ	다리	脚
코	鼻	허벅지	大腿
입	口	무릎	膝
입술	唇	종아리	下腿
혀	舌	발	足
볼/뺨	頰	발목	足首
이/치아	歯	발톱	爪
턱	顎	발꿈치	かかと
목	首	발바닥	足の裏
목구멍	喉	발가락	つま先
어깨	肩	근육	筋肉
쇄골	鎖骨	뼈	骨
팔	腕	심장	心臓
팔목	手首	피 / 혈액	血
팔꿈치	肘	위	胃
손	手	머리카락	髪
손바닥	掌	수염	髭
주먹	拳	콧수염	口髭
손가락	指	눈썹	眉毛
엄지손가락	親指	얼굴	顔
집게손가락	人差し指	피부	肌
약지	薬指	점	ホクロ
손톱	爪	보조개	えくぼ
중지	中指	여드름	ニキビ
새끼 손가락	小指	주근깨	そばかす

메시지	メッセージ	로그인	ログイン
지도	マップ	비밀번호	パスワード
카메라	カメラ	선택	選択
사진	写真	복사	コピー
갤러리	ギャラリー	붙여넣기	ペースト
시계	時計	이동	動かす
미리알림	リマインダー	지르기	切り落とす
캘린더	カレンダー	이름 변경	名前を変える
주소록	連絡先	계속	続ける
계산기	計算機	취소	キャンセル
음악	音楽	입력	インプット
소리	音	수신함	インボックス
방해금지 모드	邪魔をしないでください	오전	午前
제어 센터	モード	오후	午後
에어플레인	コントロールセンター	좋아하다	好きになる
모드	機内モード	팔로워	フォロワー
알림	通知	페이지	ページ
(홈)화면	ホームスクリーン	활동	活動
잠그화면	ロックスクリーン	새 포스트	新しい投稿
설정	設定	리블로그하다	再登校する
와이파이	Wi-Fi	임시 저장	下書き
개인용 핫스팟	ホットスポット	답하기	答え
이동통신사	モバイル通信	위치	場所
셀룰러	セル方式の	익명으로	匿名
모바일 데이터	モバイルデータ	배터리 전원 부족	バッテリー残量少
전원 끄기	電源オフ		
번역	翻訳機		
앱	アプリ		
메모리	メモリー		

직장	職場	바텐더	バーテンダー
경력	職歴	전기기사	電気技師
이력서	履歴書	경찰	警察官
면접	面接	소방관	消防士
고용주	雇用者	배관공	配管工
연봉	年収	어부	漁師
월급	月収	정육점	肉屋
동료	同僚	목수	大工
회의	ミーティング	건축가	建築家
출장	出張	조종사	パイロット
퇴직자	退職者	약사	薬剤師
선생님	先生	점원	店員
교수님	教授	정원사	庭師
연구원	研究者	수의사	獣医師
학생	生徒	미용사	美容師
간호사	看護師	운동선수	アスリート
치과의사	歯科医	노동자	労働者
의사	医師	수리 기사	修理技師
군인	兵士	사진사	写真家
요리사	コック/シェフ	프로그래머	プログラマー
변호사	弁護士	가수	歌手
비서	秘書	배우	俳優
은행가	銀行員	사무원	会社員
작가	筆者/著者	농장주/농부	農家
기자	ジャーナリスト	택시기사	タクシー運転手
엔지니어	エンジニア	기술자	技師
과학자	科学者	보모	ナニー
디자이너	デザイナー	예술가	芸術家
정비사	整備士	회계사	会計士

애완동물	ペット	오리	カモ
개	犬	비둘기	ハト
강아지	子犬	거위	ガチョウ
고양이	猫	독수리	ワシ
새	鳥	뱀	ヘビ
물고기	魚	북극곰	シロクマカン
코끼리	ゾウ	캥거루	ガルー
사자	ライオン	돌고래	イルカ
호랑이	トラ	상어	サメ
곰	クマ	오징어	イカ
기린	シマウマ	문어	タコ
얼룩말	ゴリラ	게	カニ
고릴라	サル	장어	ウナギ
원숭이	パンダ	나비	チョウ
판다	カバ	다람쥐	リス
하마	カバ	오소리	アナグマ
코뿔소	サイ	토끼	ウサギ
고래	クジラ	햄스터	ハムスター
거북이	カメ	기니피그	モルモット
악어	ワニ	개구리	カエル
거미	クモ	늑대	オオカミ
벌	ハチ	사슴	シカ
개미	アリ	여우	キツネ
소	ウシ	칠면조	七面鳥
염소	ヤギ	도마뱀	トカゲ
양	ヒツジ	표범	ヒョウ
말	ウマ	치타	チーター
돼지	ブタ	펭귄	ペンギン
앵무새	オウム	침팬지	チンパンジー

家族 가족

가족		家族
아이들		子ども
아들		息子
딸		娘
아이		子
부모(님)		親
어머니	母親（フォーマル）	
어머님	母親（敬称）	
엄마	母親（カジュアル）	
아버지	父親（フォーマル）	
아버님	父親（敬称）	
아빠	父親（カジュアル）	
조부모(님)		祖父母
할아버지		祖父
할아버님	祖父（敬称）	
할머니		祖母
할머님	祖母（敬称）	
배우자		伴侶
남편		夫
아내		妻
형제자매		兄弟姉妹
형제		兄弟
자매		姉妹
누나	姉（男性）	
형	兄（男性）	
언니	姉（女性）	
오빠	兄（女性）	
여동생		妹
남동생		弟

趣味 취미

여행	旅行
외국어	外国語
요리	料理
독서	読書
운동	運動
독서	読書
영화 감상	映画鑑賞
비디오 게임	ゲーム
스포츠	スポーツ
축구	サッカー
야구	野球
농구	バスケットボール
수영	水泳
조깅	ジョギング
테니스	テニス
골프	ゴルフ
스키	スキー
미식축구	アメリカンフットボール
배구	バレーボール
태권도	テコンドー
등산	ハイキング
달리기	ランニング
춤	ダンス
가요	*K-pop*
미술	視覚芸術
낮잠	昼寝
휴가	休暇
문화	文化
수다	おしゃべり

❶

사	
구	
이	
칠	

❷

8	
3	
5	
1	

❸

이십삼	
육십구	
십육	
삼십팔	

❹ 韓国語の内どのくらいの割合が中国語を基にしている？

A. 全部　　B. **1/3**

C. **2/3**　　D. 半分　　_____

❺ 月曜日を韓国語で言うと？

A. **화요일**　　B. **목요일**

C. **일요일**　　D. **월요일**　　_____

❻ 11月を韓国語で言うと？

A. **십일월**　　B. **삼이월**

C. **십이월**　　D. **삼일월**　　_____

❼ **파란색**　と書くのはどれ？

A. 青　　　B. 白
C. 黒　　　D. 黄
E. 緑　　　F. 赤　　_____

❽

사백십육	
팔백십이	
삼백이십일	

❾

540	
199	
704	

（答えは*128*ページ参照）

パート8

早見表と問題の答え

		ㅏ a	ㅑ ya	ㅓ eo	ㅕ yeo	ㅗ o	ㅛ yo	ㅜ u	ㅠ yu	ㅡ eu	ㅣ i
ㄱ	g	가 ga	갸 gya	거 geo	겨 gyeo	고 go	교 gyo	구 gu	규 gyu	그 geu	기 gi
ㅋ	k	카 ka	캬 kya	커 keo	켜 kyeo	코 ko	쿄 kyo	쿠 ku	큐 kyu	크 keu	키 ki
ㄴ	n	나 na	냐 nya	너 neo	녀 nyeo	노 no	뇨 nyo	누 nu	뉴 nyu	느 neu	니 ni
ㄷ	d	다 da	댜 dya	더 deo	뎌 dyeo	도 do	됴 dyo	두 du	듀 dyu	드 deu	디 di
ㅌ	t	타 ta	탸 tya	터 teo	텨 tyeo	토 to	툐 tyo	투 tu	튜 tyu	트 teu	티 ti
ㄹ	r/l	라 ra	랴 rya	러 reo	려 ryeo	로 ro	료 ryo	루 ru	류 ryu	르 reu	리 ri
ㅁ	m	마 ma	먀 mya	머 meo	며 myeo	모 mo	묘 myo	무 mu	뮤 myu	므 meu	미 mi
ㅂ	b	바 ba	뱌 bya	버 beo	벼 byeo	보 bo	뵤 byo	부 bu	뷰 byu	브 beu	비 bi
ㅍ	p	파 pa	퍄 pya	퍼 peo	펴 pyeo	포 po	표 pyo	푸 pu	퓨 pyu	프 peu	피 pi
ㅅ	s	사 sa	샤 sya	서 seo	셔 syeo	소 so	쇼 syo	수 su	슈 syu	스 seu	시 si
ㅈ	j	자 ja	쟈 jya	저 jeo	져 jyeo	조 jo	죠 jyo	주 ju	쥬 jyu	즈 jeu	지 ji
ㅊ	ch	차 cha	챠 chya	처 cheo	쳐 chyeo	초 cho	쵸 chyo	추 chu	츄 chyu	츠 cheu	치 chi
ㅇ	ng	아 a	야 ya	어 eo	여 yeo	오 o	요 yo	우 u	유 yu	으 eu	이 i
ㅎ	h	하 ha	햐 hya	허 heo	혀 hyeo	호 ho	효 hyo	후 hu	휴 hyu	흐 heu	히 hi

		ㅐ ae	ㅒ yae	ㅔ e	ㅖ ye	ㅚ oe	ㅘ wa	ㅙ wae	ㅟ wi	ㅝ wo	ㅞ we	ㅢ ui
ㄱ	g	개 gae	걔 gyae	게 ge	계 gye	괴 goe	과 gwa	괘 gwae	귀 gwi	궈 gwo	궤 gwe	긔 gui
ㅋ	k	캐 kae	컈 kyae	케 ke	켸 kye	쾨 koe	콰 kaw	쾌 kwae	퀴 kwi	쿼 kwo	퀘 kwe	킈 kui
ㄴ	n	내 nae	냬 nyae	네 ne	녜 nye	뇌 noe	놔 nwa	놰 nwae	뉘 nwi	눠 nwo	눼 nwe	늬 nui
ㄷ	d	대 dae	댸 dyae	데 de	뎨 dye	되 doe	돠 dwa	돼 dwae	뒤 dwi	둬 dwo	뒈 dwe	듸 dui
ㅌ	t	태 tae	턔 tyae	테 te	톄 tye	퇴 toe	톼 twa	퇘 twae	튀 twi	퉈 two	퉤 twe	틔 tui
ㄹ	r/l	래 rae	럐 ryae	레 re	례 rye	뢰 roe	롸 rwa	뢔 rwae	뤼 rwi	뤄 rwo	뤠 rwe	릐 rui
ㅁ	m	매 mae	먜 myae	메 me	몌 mye	뫼 moe	뫄 mwa	뫠 mwae	뮈 mwi	뭐 mwo	뭬 mwe	믜 mui
ㅂ	b	배 bae	뱨 byae	베 be	볘 bye	뵈 boe	봐 bwa	봬 bwae	뷔 bwi	붜 bwo	붸 bwe	븨 bui
ㅍ	p	패 pae	퍠 pyae	페 pe	폐 pye	푀 poe	퐈 pwa	퐤 pwae	퓌 pwi	풔 pwo	풰 pwe	픠 pui
ㅅ	s	새 sae	섀 syae	세 se	셰 sye	쇠 soe	솨 swa	쇄 swae	쉬 swi	숴 swo	쉐 swe	싀 sui
ㅈ	j	재 jae	쟤 jyae	제 je	졔 jye	죄 joe	좌 jwa	좨 jwae	쥐 jwi	줘 jwo	줴 jwe	즤 jui
ㅊ	ch	채 chae	챼 chyae	체 che	쳬 chye	최 choe	촤 chwa	쵀 chwae	취 chwi	춰 chwo	췌 chwe	츼 chui
ㅇ	ng	애 ae	얘 yae	에 eo	예 ye	외 oe	와 wa	왜 wae	위 wi	워 wo	웨 we	의 ui
ㅎ	h	해 hae	햬 hyae	헤 he	혜 hye	회 hoe	화 hwa	홰 hwae	휘 hwi	훠 hwo	훼 hwe	희 hui

	ㅐ ae	ㅒ yae	ㅔ e	ㅖ ye	ㅚ oe	ㅘ wa	ㅙ wae	ㅟ wi	ㅝ wo	ㅞ we	ㅢ ui
ㄲ gg	깨 ggae	꺠 ggyae	께 gge	꼐 ggye	꾀 ggoe	꽈 ggwa	꽤 ggwae	뀌 ggi	꿔 ggwo	꿰 ggwe	끠 ggui
ㄸ dd	때 ddae	떄 ddyae	떼 dde	뗴 ddye	뙤 ddoe	똬 ddaw	뙈 ddwae	뛰 ddi	뚸 ddwo	뛔 ddwe	띄 ddui
ㅃ bb	빼 bbae	뺴 bbyae	뻬 bbe	뼤 bbye	뾔 bboe	뽜 bbwa	뽸 bbwae	쀠 bbi	뿨 bbwo	쀄 bbwe	삐 bbui
ㅆ ss	쌔 ssae	썌 ssyae	쎄 sse	쎼 ssye	쐬 ssoe	쏴 sswa	쐐 sswae	쒸 ssi	쒀 sswo	쒜 sswe	씌 ssui
ㅉ jj	째 jjae	쨰 jjyae	쩨 jje	쩨 jjye	쬐 jjoe	쫘 jjwa	쫴 jjwae	쮜 jji	쭤 jjwo	쮀 jjwe	찍 jjui

ハングルの基本と書き方さえ理解すれば読めるようになるので、全ての文字を無理に覚える必要はありません。

注記：理論上は、何百何千通りものハングルができることになりますが、そのほとんどが日常生活で使われることがありません

	ㅏ a	ㅑ ya	ㅓ eo	ㅕ yeo	ㅗ o	ㅛ yo	ㅜ u	ㅠ yu	ㅡ eu	ㅣ i
ㄲ gg	까 gga	꺄 ggya	꺼 ggeo	껴 ggyeo	꼬 ggo	꾜 ggyo	꾸 ggu	뀨 ggyu	끄 ggeu	끼 ggi
ㄸ dd	따 dda	땨 ddya	떠 ddeo	뗘 ddyeo	또 ddo	뚀 ddyo	뚜 ddu	뜌 ddyu	뜨 ddeu	띠 ddi
ㅃ bb	빠 bba	뺘 bbya	뻐 bbeo	뼈 bbyeo	뽀 bbo	뾰 bbyo	뿌 bbu	쀼 bbyu	쁘 bbeu	삐 bbi
ㅆ ss	싸 ssa	쌰 ssya	써 sseo	쎠 ssyeo	쏘 sso	쑈 ssyo	쑤 ssu	쓔 ssyu	쓰 sseu	씨 ssi
ㅉ jj	짜 jja	쨔 jjya	쩌 jjeo	쪄 jjyeo	쪼 jjo	쬬 jjyo	쭈 jju	쮸 jjyu	쯔 jjeu	찌 jji

ㄱ 아 ㄳ	갃	ㅍ 야 ㄼ	퍎	ㄱ 예 ㄼ	곎
ㅁ 요 ㄵ	묫	ㅂ 애 ㄼ	뱊	ㄲ 와 ㄼ	꽑
ㅂ 우 ㄶ	붛	ㄹ 와 ㄼ	뢃	ㅁ 으 ㄲ	믁
ㄲ 이 ㄺ	끍	ㅈ 유 ㄼ	쥶	ㅋ 야 ㄽ	컀
ㅍ 애 ㄼ	퍎	ㅃ 야 ㄼ	뺊	ㅈ 애 ㄾ	쟽
ㅅ 에 ㄽ	셞	ㄴ 왜 ㄲ	놖	ㅃ 요 ㄼ	뾻
ㅈ 야 ㄵ	쟧	ㅎ 오 ㅀ	홇	ㅊ 아 ㅀ	챃
ㅃ 어 ㄾ	뻍	ㅂ 이 ㅄ	빘	ㅌ 유 ㄼ	퉒
ㅊ 유 ㄿ	츂	ㅁ 위 ㄳ	뮋	ㅂ 왜 ㅄ	뫲
ㅌ 여 ㅀ	텷	ㄸ 아 ㄼ	땲	ㅍ 오 ㄵ	폲
ㄹ 오 ㅄ	롮	ㅅ 우 ㄿ	숲	ㄹ 의 ㅀ	릟
ㄷ 애 ㄵ	댾	ㄴ 워 ㄵ	뉂	ㄷ 이 ㄹ	딜
ㅋ 으 ㄼ	큶	ㅉ 왜 ㅀ	쬁	ㅋ 애 ㄼ	캠
ㅆ 우 ㄿ	쑢	ㄷ 예 ㄹ	뎔	ㅎ 요 ㄳ	횫

127

回答

クイズ**A** 48ページ

1. **A** 'ユーフォー'の'그'
6. **B** 4
2. **B** 표
7. **C** ㅣ
3. **D** ㅇ
8. **A C F G**
4. **C** ㅈ
9. **B** ㄷ
5. **C** 3
10. **D** 'グミ'の'グ'

クイズ**B** 78ページ

1. **D** 'イェス'の'イェ'
6. **A** 6
2. **B** 11
7. **B**  ㅒ
3. **B G H**
8. **D** ㅃ
4. **C** 키위
9. **C** コンピューター
5. **A** ウィーク'の'ウィ'
10. 한글

クイズ**C** 90ページ

1. **B** 音を出さない'ク'
6. **B** 音を出さない'ク'
2. **C** 11
7. **A** [말께]
3. **D** 리
8. **B** ㄳ
4. **B** 7
9. **D** [갑슬]
5. **C** 英語発音の'L'
10. **C** 英語発音の'L'

クイズ**D** 122ページ

1. 4 = 사   2. 8 = 팔   3. 23 = 이십삼
   9 = 구   3 = 삼   69 = 육십구
   2 = 이   5 = 오   16 = 십육
   7 = 칠   1 = 일   38 = 삼십팔

4. **C** 2/3
5. **D** 월요일

6. **A** 십일월
7. **A** 青

8. 416 = 사백십육   9. 540 = 오백사십
   812 = 팔백십이   199 = 백구십구
   321 = 삼백이십일   704 = 칠백사

追加練習ページ
方眼を使ってもっと練習！

暗記カードページ

コピーまたは切り
出して保管しておこう

ㄷ

ㅂ

ㅈ

ㄴ

ㅁ

ㅅ

ㅋ

ㄹ

ㅅ

ㄱ

ㅌ

ㅍ

GIYEOK ㄱ 기역
発音 'グ三'の'グ'
パッチム 音を出さない'ト゚ク'

DIGEUT ㄷ 디귿
発音 'ドゥーユー...'の'ドゥ'
パッチム 音を出さない'トゥ'

NIEUN ㄴ 니은
発音 'ヌー'の'ヌ'
パッチム 'ファン'の'ン'

BIEUP ㅂ 비읍
発音 'ブーツ'の'ブ'
パッチム 音を出さない'プ'

KIEUK ㅋ 키읔
発音 'ファン'の'ツ'
パッチム 'ファン'の'ン'

MIEUM ㅁ 미음
発音 'ムード'の'ム'
パッチム 'リム'の'ム'

RIEUL ㄹ 리을
発音 英語発音Rの'ル'
パッチム 英語発音Lの'ル'

CHIEUT ㅊ 치읓
発音 チョロス'の'チョ'
パッチム 音を出さない'トゥ'

JIEUT ㅈ 지읒
発音 'ジュース'の'ジュ'
パッチム 音を出さない'トゥ'

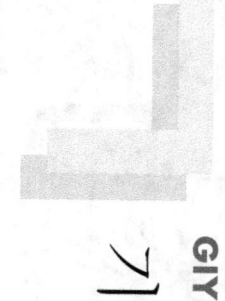

SIOT ㅅ 시옷
発音 'スープ'の'ス'
パッチム 音を出さない'トゥ'

TIEUT ㅌ 티읕
発音 'トゥー(Two)'の'トゥ'
パッチム 音を出さない'トゥ'

PIEUP ㅍ 피읖
発音 'プリンツ'の'プ'
パッチム 音を出さない'プ'

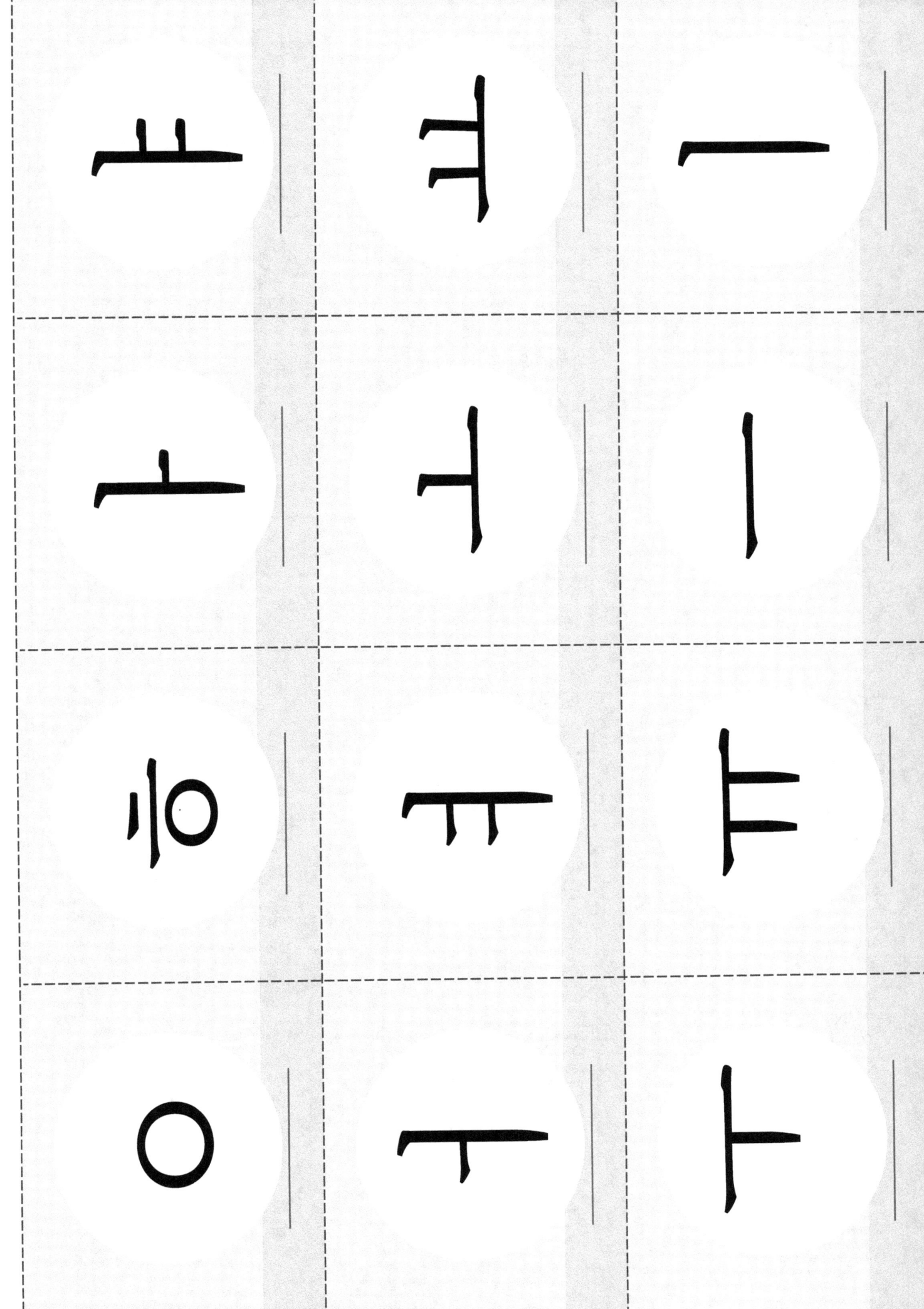

ㅑ 'YA'
音を出さないッ。
'A'と同じですが、より軽いです
頭の中で「Y」の音がします。

ㅛ 'YO'
'ヨ'が'ヨ'
'オ'と同じだが軽い'ッ'の
音が頭に入る。

ㅣ 'I'
'イートイツ'の'イ'
口を広げて、触れない程度
に歯を近づけて。

ㅏ 'A'
'ア'と'エ'の間の'ア'エ'

ㅗ 'O'
'オレンジ'の'オ'
唇を動かさず、
OOの形に口を開いて。

ㅡ 'EU'
'ア'と'ウ'の間の'ア'ウ'
口を広げて、口角を引いて、
触れない程度に歯を近づけて、

HIEUT
히읗 ㅎ
発音　フルーツの'フ'
パッチム　音を出さないッ'トゥ'

ㅕ 'YEO'
'ヤード'の'ヤ'
'ア'と同じだが軽い'ッ'の
音が頭に入る。

ㅠ 'YU'
'ユーフォー'の'ユ'
'ウ'と同じだが軽い
'Y'の音が頭に入る。

IEUNG
이응 ㅇ
発音　無音
パッチム　現在進行形英語
'...イング'の'ング'

ㅓ 'EO'
'アイス'の'ア'
唇を動かさず、縦に長く
口を開いて。

ㅜ 'U'
'ウール'の'ウ'
唇は丸く、開いて下唇を前に。

ㅖ	어	ㅜ
ㅠ	흐	어
ㅠ	허	에
ㅐ	어	어

예 'YE'

'イェス'の'イェ'
ㅔの'エ'と同じだが
軽い'Y'の音が頭に入る。

에 'E'

英語発音'M'の'エ'
こちらより少し長い'エ'の音を持
つㅖと間違いやすい。

위 'WI'

優しい'ウ'ィークの'ウィ'
'ウィ'を一音で発したような音

왜 'WAE'

優しい'ウ'ェットの'ウェ'
オ'ア'エを一音で発したような音

얘 'YAE'

'イェルサレム'の'イェ'
ㅒの'エ'と同じだが
軽い'Y'の音が頭に入る

쌍기역 SSANG GIYEOK

ㄲ

'グ'
ㄱ(キヨク)を強調した音。

의 'UI'

'ユエ'または'ユェ'
'ユエ'を短く一音で発
したような音。

와 'WA'

優しい'ウ'ープの'ウ'
'ウ'エを一音で発したような音

애 'AE'

'エールの'エ'
こちらより少し短い'エ'の音
を持つㅖと間違いやすい。

웨 'WE'

優しい'ウ'ェディングの'ウェ'
'ウ'エを一音で発したような音で、
외と間違えやすい。

외 'OE'

優しい'ウ'ェットの'ウェ'
'ウ'エを一音で発したような

워 'WO'

優しい'ウ'ォークのウォ
'ウ'ォを一音で発したような音

ㅉ	ㅆ	ㅃ	ㄸ

音の繰り越し
음악

音の同化
ㄹ

複合子音
겹받침

音の単純化
받침

音の強調
강조

鼻音同化
ㅁ/ㅇ

の口蓋音化
이/히

の有気音化
ㅎ

SSANG JIEUT — 쌍 지읒
ㅈ (チウッ)を強調した音。'ジュウ'

SSANG SIOT — 쌍 시읏
ㅅ (シオッ)を強調した音。'ジュウ'

SSANG BIEUP — 쌍 비읍
ㅂ (ビウプ)を強調した音。'ブウ'

SSANG DIGEUT — 쌍 디귿
ㄷ (ティグッ)を強調した音。'ドウ'

再音節化
パッチムの次が母音の場合、音を繰り越す

最後のㅇ 持ち越されない、そして
最後のㅎ 聞いていない/弱い

음악 → 으막

次が子音の場合：
ㄳ ㄵ ㄶ > 1つ目を発音
ㄼ ㄽ ㄾ
ㄺ ㄻ ㄿ > 2つ目を発音

それ以外は....

次が母音の場合：
分ける一2つ目を繰り越す一両方発音する
例外あり

ㄹ+ㄹ > ㄹ　シングル音をつくる

強化
ㄱㄷㅂㅅㅈ 続く 받침
に2倍になります ㄲ ㄸ ㅃ ㅆ ㅉ

ㄱ+ㄴ/ㅁ > ㄱ=ㅇ
ㅂ+ㄴ/ㅁ > ㅂ=ㅁ
ㄷ+ㄴ/ㅁ > ㄷ=ㄴ

ノート: ㄱ+ㄹ > ㅇ=ㄴ

簡略化した場合 받침
音が鼻音と出会う ㅁ または ㄴ

口蓋音化
ㄷ+이 > ㅈ
ㅌ+이 > ㅊ
ㄷ+히 > ㅊ

特定の字母同士が高速で発音された場合、新しい音ができる
によって子音が強調される ㅎ

ㄲ ㅋ > ㄱ
ㅌ ㅎ ㅅ ㅆ > ㄷ
ㅍ > ㅂ

パッチムであるとき発音が変化

ㄱ+ㅎ > ㅋ
ㄷ+ㅎ > ㅌ
ㅂ+ㅎ > ㅍ
ㅈ > ㅊ

OR

ㅎ+ㄱ > ㅋ
ㅎ+ㄷ > ㅌ
ㅎ+ㅂ > ㅍ
ㅎ+ㅈ > ㅊ

最後のㅎ 強めるるだけ
イニシャル, それを作る ㅆ

감사합니다

(gam-sa-ham-ni-da)

ありがとう

この本を手に取っていただきありがとうございます！

あなたはこれから、韓国語をどんどん読んで、どんどん書いて、どんどん話していくことになるでしょう。この本は楽しめたでしょうか。

楽しめたのであれば、ぜひあなたの感想や学習の進捗状況について聞いてみたいです。

本の品質を上げるため、そしてそれを未来の生徒たちの役に立てるため、フィードバックはいつでもお待ちしています。なぜなら私たちは、世界最良の言語ラーニングコンテンツを作ることをお約束しているのですから。何かございましたら、こちらのメールアドレスにご連絡ください。
hello@polyscholar.com

POLYSCHOLAR

www.polyscholar.com

www.ingramcontent.com/pod-product-compliance
Lightning Source LLC
Chambersburg PA
CBHW081330120626
46546CB00011B/3291

9 781957 884059